# 张謇

## 中国现代纺织业开拓者

陈红晓◎著

中国财政经济出版社

**图书在版编目（CIP）数据**

张謇：中国现代纺织业开拓者／陈红晓著．—北京：中国财政经济出版社，2013.11

（中国梦系列）

ISBN 978-7-5095-4916-2

Ⅰ.①张…　Ⅱ.①陈…　Ⅲ.①张謇（1853～1926）－传记　Ⅳ.①K825.38

中国版本图书馆 CIP 数据核字（2013）第 261805 号

责任编辑：郭爱春　　　文字编辑：魏　超

责任校对：新　言　　　装帧设计：张子航

中国财政经济出版社 出版

URL：http//www.cfeph.cn

E-mail：cfeph@cfeph.cn



社址：北京市海淀区阜成路甲 28 号　邮政编码：100142

营销中心电话：010－88190406　北京财经书店电话：010－64033436

河北信德印刷有限公司　各地新华书店经销

710×1000 毫米　16 开　17.75 印张　192 千字

2014 年 1 月第 1 版　2024 年 1 月第 2 次印刷

定价：58.00 元

ISBN 978-7-5095-4916-2/K·0019

（图书出现印装问题，本社负责调换）

本社质量投诉电话：010－88190744

反盗版举报热线：88190492　88190446

# 前言

建国初年，毛泽东曾对黄炎培说，在中国近代历史上，有四个人是我们万万不可忘记的，他们是：搞重工业的张之洞；搞纺织工业的张謇；搞交通运输业的卢作孚；搞化学工业的范旭东……

在这四人当中，名气最大的当属张之洞，张謇则紧随其后，范旭东和卢作孚都是他们的晚辈后生。张之洞可谓是无人不知，范旭东和卢作孚的事业也都延续至今。张謇虽然青史留名，却不足以表其功绩；实业虽盛，今日竟然无存。他的一生，值得大书特书。

张謇出身贫寒，他苦读诗书，试图考取功名，结果却屡试不第；他投身军旅，在军旅生涯中大放异彩，引人关注；慈禧太后开恩科，张謇再试，一举夺魁，高中状元；然而生逢清末乱世，即使中了状元依旧难以掌握自己命运，变法立宪，革命救国，面对国家和民族的危机，他一次次尝试解救，却始终难以奏效；在政治上的无力使他转而着手实业，开始实业救国的尝试；他立足家乡南通，开办工厂，改造城市，创办学校……他以自己的方式实践救国的理想。

本书由陈红晓先生创作，作者陈红晓 21 岁开始发表文学作品，迄今已在省、市、国家级刊物以及中国作家网、中国文学网、新华网等权威文学网站发表长、中、短篇小说数十篇，并多次获国家级奖项，已出版《小荷》、《父爱如山》等文集和《领导力》等社科类书籍。

在此书的创作过程中，作者查阅大量历史资料，文稿几经修改，期间不断打磨，最终呈现本书出现有的面貌，这是一部集聚了作者大量心血的作品。作者期望以此来凸显张謇先生不同寻常的一生，让世人牢记一个民族实业家的伟业。

作 者

# 目 录

# 引 子

1912 年 2 月 12 日，这是对整个中华民族都有着非凡意义的一天：这天，清朝皇帝向全国布告《清帝退位诏书》，宣布退位。这不仅结束了清王朝在中国的统治，也终结了在中国延续数千年的君主专制制度，皇帝从此成为中国的历史，一个古老的国家走向新生。

清帝退位的消息震惊海内外，革命党无不欢呼雀跃，就连拜了一辈子皇帝的田间老农也着实吃了一惊。识字的，不识字的，都争着抢着要看看那《清帝退位诏书》。一时间，《清帝退位诏书》传遍海内外。

《清帝退位诏书》是一篇极具历史价值和政治意义的文献。此文以不足四百字的篇幅，宣告了在中国延续数千年的帝制的终结。如此重要的文献出自何人之手？此人乃是清末状元、著名实业家——张謇。

在中国历史上，被逼退位的皇帝有很多，每个被逼退位的皇帝都有退位让贤的诏书。但是，没有任何一个皇帝的退位诏书，能够和宣统皇帝的相提并论。这并不是因为宣统皇帝有多么特别，而是因为他的退位诏书将是整个君王体制的绝命书：此退位诏书发布后，中国将再无皇帝！所以，此诏书事关重大，必须找到一个最合适的人来起草。最终，曾经考取过状元的张謇成为退位诏书的起草人，他手书了君王体制的绝命书。

张謇，这个清末状元，除了给后人留下一纸《清帝退位诏书》外，更令后人敬仰的是他实业救国的壮举。他在极端艰难的条件下创办近代中国的棉纺织工业，并在行业内创造众多第一；他改造南通，以一已之力创造了一个现代化的城市。

附《清帝退位诏书》：

奉旨朕钦奉隆裕皇太后懿旨：

前因民军起事，各省相应，九夏沸腾，生灵涂炭，特命袁世凯遣员与民军代表讨论大局，议开国会，公决政体。两月以来，尚无确当办法，南北睽隔，彼此相持，商辍於途，士露于野，徒以国体一日不决，故民生一日不安。今全国人民心理，多倾向共和，南中各省既倡议於前，北方各将亦主张於后，人心所向，天命可知，予亦何忍以一姓之尊荣，拂兆民之好恶？是用外观大势，内审舆情，特率皇帝，将统治权归诸全国，定为共和立宪国体，近慰海内厌乱望治之心，远协古圣天下为公之义。袁世凯前经资政院选举为总理大臣，当兹新旧代谢之际，宜有南北统一之方，即由袁世凯以全权组织临时共和政府，与民军协商统一办法，总期人民安堵，海宇乂安，仍合满、汉、蒙、回、藏五族完全领土，为一大中华民国，予与皇帝得以退处宽闲，优游岁月，长受国民之优礼，亲见郅治之告成，岂不懿欤？钦此。

1

# 出身寒门——为尊严投身科举

## 自小聪颖的吴起元

张謇，字季直，晚年号啬翁。他小时候并不叫这个名，也不姓张，本姓吴，叫吴起元。

张謇是江苏南通人，他的祖籍是江南常熟，元朝末年因为兵燹而迁居江北。他的爷爷名叫张朝彦，是个贫苦老实的农民，平时主要工作就是种田，有时候也摇着货郎鼓在四乡里游走卖糖以助生计。后来，张朝彦入赘南通金沙镇开店铺的吴家当女婿，日子才慢慢好过了些。张謇的父亲名叫张彭年，当然那时候叫吴彭年，他和他的祖辈们不同，是个十分精明的人，不但继承了祖业，除经营二十多亩土地之外，还雇了十来个伙计，开了个瓷货作坊。后来张家恢复自己的原姓，仍旧姓了张。

1853 年 7 月 1 日，即清咸丰三年五月二十五日，吴彭年的家里，又添了一桩喜事，十月怀胎的妻子产下了第四个儿子。此时吴彭年正在他的瓷货作坊里指挥下面的人干活，闻报大喜，什么也不顾了，急忙就去看他的妻子，虽然是第四个儿子了，然而，他还是非常非常地兴奋，不亚于第一次得子。就是第二次，第三次也都没有这么喜欢过，反正就是莫名地喜欢。在他的潜意识里，就是觉得这个小儿子必定是他们家的宝贝。你说奇怪不奇怪?

当吴彭年赶到家中内室的时候，内室已经收拾干净，刚出生的小婴儿正躺在母亲怀里吃奶呢。吴彭年看着这个儿子小嘴儿紧紧撮着奶头的小模样，手痒得不行，就想赶紧抱过来，好好看看。

旁人说他："看你喜欢得，又不是第一次得儿子!"

吴彭年合不拢嘴，说："比第一次还喜欢!"

吴彭年一家世代都老实穷困，到了他这一代，才开始正经弄了一爿瓷货的小作坊。可喜的是，吴彭年为人很是精明，处处精打细算，该大则大，该小则小，把这个小作坊经营得有声有色，生意很是不错。人们私下里对他很是赞赏，都说："老张家得了彭年这个儿子，也算是积德了!"

"是呀，几辈人都是老实得出不来气儿，光知道种田，苦了几辈子了，该翻个身了!"

有老学究说："这叫穷则思变!"

人们不明白，愣了半天，说："什么什么变?"

老学究笑而不答，一摇三摆地走自己的路去了，心里还在为刚才自己嘴里能吐出这么个词而得意："穷则思变啊，穷则思变！"

这吴彭年的祖上虽都没读过什么书，不认识一个字，然而，吴彭年还是读过一些书，认得几个字，这大概也是他头脑灵活能够改变家里生活状况最重要的原因之一。精明的他，也深知这个道理，他是个爱琢磨事的人，没事的时候，他就琢磨琢磨这个，琢磨琢磨那个，琢磨琢磨天，琢磨琢磨地，竟然也能琢磨出许多人世的道理来。

因此，他也非常重视让自己的孩子读书学文化，他前面的三个儿子无一例外地都入了学堂。如今得了一个长相清秀俊朗的小儿子，他更是想着要儿子读书了，但愿能有个进身之地，为门楣增光。他一想到自己家几辈子都……心里就是一阵隐痛……

读过一些书的吴彭年联想自己的家世，以前都是多多不顺的，他希望自己的这个儿子能够改变这个状态，正正式式地走出一条光明大道来，至少是要比自己强一些……

吴彭年为了能够让自己这个儿子健健康康地长大，还为自己的这个小儿子起了个小名叫长泰。

这个小儿子吴长泰，不光模样清秀不俗，在生活当中也真是聪明颖悟，很是伶俐，干什么事情，只要给他点一下，他马上就能明白过来，比他的几个兄长们反应都快。最令人欣喜的是，在读书识字上，他更是表现得优秀。不管是什么字，不管是多么不好记的字，只要教他两遍，他就记住了。

咸丰六年，也就是1856年，吴长泰三岁的时候，吴彭年开始教他读《千字文》，小长泰进步很是迅速，到四岁的时候，能够熟练地将《千字文》一字不差地背诵下来，和小伙伴在一起玩的时候，也能熟练地背上几句：

天地玄黄，宇宙洪荒。日月盈昃，辰宿列张。

寒来暑往，秋收冬藏。闰馀成岁，律吕调阳。

云腾致雨，露结为霜。金生丽水，玉出昆冈。

剑号巨阙，珠称夜光。果珍李柰，菜重芥姜。

海咸河淡，鳞潜羽翔。龙师火帝，鸟官人皇。

始制文字，乃服衣裳。推位让国，有虞陶唐。

吊民伐罪，周发殷汤。坐朝问道，垂拱平章……

那么小的一个孩子，连闭裆裤还没穿，就能熟练地背诵这样的东西，当时真是轰动乡里，让好多人都不相信，及至当面一试，方才确信，禁不住感叹说：

“真是神童，这吴彭年家烧什么好香了？”

“这吴彭年就够聪明的了，没想到，他家又出了一个比他还要聪明的小儿子！”

这很让他们家的人脸上增光，吴彭年无论走到哪里一提起自己的这个老儿子来，就笑得合不拢嘴……

人们都善意地说：“吴彭年你好福气，得了这么一个天才的儿子，你可要好好教养他呀！”

吴彭年说：“那是那是，他能够这样，多半还不是我平时教他的嘛！”

羡慕得人们像喝了醋水一般，自己的儿子平时自己不也教嘛，可怎么就不像人家的儿子呢？

吴彭年一时兴起，便领着自己的几个儿子到了邻居邱先生的家里。邱先生是个读书人，此时正在书房读书，于是，又找到书房。就在这个书房里，吴长泰从此有了一个学名，叫“吴起元”，是邱先生动用自己聪明的脑瓜给他起的。他是联想到吴彭年的意思，要这个儿子从此改变他们家的命运而起的。吴彭年当时想，这个愿望一定能够实现的。

## 志气初露

别人都赞扬老儿子的聪明颖悟，在此影响下，兴奋的父亲吴彭年便想着让小长泰入学了，然而，小长泰的母亲却有些担心，说：“不行，小长泰太小了，才刚刚四岁呀，哪能去入学？”

小长泰的二哥吴长庆（吴暮）说：“别在老师讲文的时候，他尿到屋里。”

吴彭年说：“尿屋里倒不会，咱们的长泰不是那样没出息的孩子！”

母亲问一旁的小长泰说：“你会吗？”

长泰说：“二哥才会呢！”

说得一家都笑了，母亲说：“好好好，从今天起，就给你裤子闭上裆，不能入了学堂还穿个开档裤子，让人笑话。”

于是，从这天起，小长泰就开始穿上闭裆裤了，不能一叉腿就尿尿了。

小长泰能够和他的三个哥哥一起进学堂读书了，他们这时候的家境也供得起他们上学，小长泰也很是爱读书，小小人儿做什么事都是挺认真的，读书作文都是一丝不苟，听了老师讲文很是有兴趣。他的老师是当地相当有名气有学问的邱大璋先生，邱大璋早就知道这个能背诵千字文的小神童，能得到这样的学生，也是他做老师的福分，因此也非常用心地教授于他。

小起元也不辜负家人和老师的厚望，勤奋学习，打下了扎实的人生基础，学到了好多好多的东西。

在他 12 岁的时候，父亲吴彭年见他学业优良，加上自己生意的顺利，便从老家西亭请了一位更有学问的先生来家专门教育自己的几个儿子，这个老师就是老秀才宋效祁先生。这个时候，他已经有第五个儿子了，五个儿子全都跟着这位老师读书学习。

顺便说一下，吴起元的父亲先后娶了两个妻子，一个是葛氏，一个是金氏，吴起元的大哥吴长源（吴誉）和五弟吴警是葛氏所生，吴起元的二哥吴长庆（吴暮）、三哥吴长春（吴訾）和他是金氏所生。

小长泰不是读死书的人，读来读去心中就朦朦胧胧有了自己的想法，有了宏大的志向。就在他 12 岁的那一年，他做了一首《盆松》诗，来表达他的这种志向。在这首诗里，他表示不愿做供人观赏的盆松，而是期望自己能够成为一棵长在大山深涧里坚劲的苍松，立志要成为支撑国家大厦的栋梁之才……吴起元是这样想的，也时时刻刻在向这个目标一点点迈进着。一天，宋先生正在为他们讲课的时候，突然转脸看见门外有个骑白马的人走过，禁不住顺口溜出一句：

“人骑白马门前过。”

转脸又对几个孩子说：

“你们能对出一个下联吗?”

孩子们也都看见了门前骑白马的那个人，经先生这么一说，都来了兴趣，于是都开始沉思起来，一会儿工夫，老三长春（吴訾）先有了下联，他抢先说道：“儿牵青牛堤上行。”

先生，手捻胡须沉思着，微微一笑，说："不错，对得相当工整，也很有意境，可见平日的用功。"

这时起元心里也有了，他的眼前不是他日常见到的田园牧歌，而是辽阔宽广的大海，他说："我踏金鳌海上来。"

一语说出，都目视起元。先生呆了一下，一股惊讶之情马上袭上心头，他早就听说过这个小孩子聪明，教他这些时日，也果然见他表现出了不同一般的聪明和颖悟，可没想到，今天却能对出如此惊人的佳句来。"我踏金鳌海上来"这是多么大的气魄呀，有情有景，还对仗工整，小小年纪就有如此气魄，可见他的志向，日后前途不可限量呀！

从此以后，宋先生更是对吴起元刮目相看，悉心教导于他。这吴起元也不只是嘴里说说的人，他对那句下联当然也都是完全发自内心所想的，并不是只为讨先生欢心，因此，在先生如此尽心的教导下，更是用心地攻读。虽然那时候乡人对他的赞誉之声不绝于耳，然而，他从未洋洋自得过，他把这种赞誉之声当成催他奋进的动力，更是发奋。人们都知道他是非常非常聪明的孩子，他就把全部的聪明都用在读书和思考上了。他的父亲见他如此，更是全力支持，尽量为他创造好的学习条件来让他努力上进……

宋先生有个嗜好，那就是打牌。一天下午放学的时候，有人来找宋先生打牌，那宋先生留下吴起元吩咐继续温习功课，就自去打牌了。

吴起元也很听话，整桌子挪凳子点蜡烛，便开始用功学习。中间，宋先生和朋友过来看视吴起元，见他埋头读书，心内甚是满意。宋先生摸着吴起元的头说："这孩子聪明异常，不信你出个题目考他一考？"

那朋友也是读书之人，也素闻吴起元的聪明，只是从未试过，此时便也想亲自一试。只见他以手指桌角的蜡烛说："就以此为题目，你给作出一个对联来。"

吴起元抬眼看着笔直站立火苗跳跃的蜡烛，环顾一下四周，便朗声说道："身居台角，光照四方。"

宋先生和那朋友听了，禁不住高声叫好："好，好，好！"

"妙，真是妙呀！"

其他朋友们闻声也都过来了，都极力夸赞："这孩子着实有才，也是宋先生平日之功。"

"按其才能，前途不可限量呀！"

张謇此时对的这副对联也正好成了他一生的真实写照：身居台角，光照四方。

## 为仕进做准备

吴起元的父亲为他们兄弟几个聘来的宋先生在他 14 岁的时候，因病辞世了，他们一家人很是伤痛不已，特别是吴起元，先生对他那么好，自己还没来得及有所回报，就……他真是泪落不止，呜呜地哭个不停。父亲吴彭年一边唉声叹气，一边对他们说："如今宋先生已故去，不能再为你们授业，宋先生的学问和人品都是一等的好，让人痛惜不已。素日听闻他的二儿子宋琳学问是很好的，可以继承宋先生的衣钵，你们兄弟几个就到他那里去求学吧！"

兄弟五个心里怀念着宋先生，自然觉得他儿子才学品德也是不差的，能够为自己老师的，于是听从父言，负笈从师，从此后吃住就在宋琳先生的家里了，一心跟着学习。离家之时，父母自然又是少不了一番嘱咐的，什么要潜心学习，不可淘气，要尊重宋琳老师，要有眼色，闲时帮宋先生家干些杂务活等等，兄弟几个都谨记于心。

吴起元不管是跟着哪个先生学习，都是很用功勤奋的，每每都得到老师的夸奖。次年，他师从一位名叫宋琛的先生。宋琛先生是位举人，当然也是位饱学之士，很喜欢吴起元的聪明爱学，也总是悉心教导于他。吴起元在这里真是学业大进，家人和老师们也都对他寄予着很大的希望。

对于全心供儿子们读书学习的父亲吴彭年，他当然最大的希望是让他们经过科举之路走上仕途，这在当时也是唯一能够光耀门楣的途径。他们目不识丁地苦了几辈子，到他这一代才读了几本书，让他开阔了眼界，经了商，使家里有所改变，然而精明的吴彭年对于这些还远远不能满足，自己这辈子是不行了，于是把希望完全寄托在儿子们的身上，当然最为聪明好学的四儿子吴起元便被寄予厚望。

然而，最使他悬心的是按照朝廷的规定，他们家是冷籍，不能参加科考的。什么是冷籍呢？就是三代未获得过朝廷功名的人家。当时的人们认为，三代都不能获得功名就说明他们家的人智力有问题，不健全，像这样不健全的人是不能当官的，不能入富贵之门的，因此，干脆取消了他们家的科考资格。被列入冷籍的人家是永世难以翻身的，永远在人之下，这个对于精明倔强的吴彭年来说，他是受不了的，这是他们家的耻辱呀！他们家的人就是智力有问题吗？他偏要证明给人看！于是就自强，也全力和督促自己的孩子要争强好胜，努力改变这一状态。不过他也觉得自己的孩子们也还算是争气的，特别是小长泰，最是令他满意。

如今以长泰的年龄和学问是能够参加科考的了，可如何才能参加呢？这是他最为苦恼的事，不过这也不能将他真正的难倒，车到山前必有路，活人总不能被尿憋死。按照朝廷规定，冷籍要想参加考试，就一定要由同族当中有资历威望之人或者是廪生（科举时代考生的以一种称谓，清代规定，在岁、科两试中，名次在一等前列的考生才能取得廪生名义，享受一定的政府补贴）去承认，这便叫做“认保”，由同县廪生连环出保，这叫做“派保”。那时候，有不少人利用此类限制中饱私囊，设法榨取别人的钱财。那时候，吴起元同族的人见他意欲科考，也想来“认保”，然而，吴彭年觉得海门人过于熟悉了，谁都知道谁的底细，“认保”和“派保”都不是太好，精明的吴彭年为自己的儿子想了个法子。什么法子呢？那就是设法顶替别人家的子弟进行科举。不然如何才能够呢？他一个农民小商人无论怎样也都是无回天之术的。对于此事，他曾用钱疏通过当地的官员，或进行问询，都毫无结果，不是遭人奚落便是望洋兴叹。只有用冒籍这一招了。有了此念头后，他也曾和张謇当时的老师举人宋琛商议过。宋琛是个通脱的人，不是那种读死书的酸儒，也很赞成用此法，对于吴起元这个学生，他也是十分看好的，可谓是他一生为师的骄傲，他当然也很希望自己的学生能够出人头地，为他的脸上增光。

吴彭年和吴起元的举人老师宋琛秘密地商议着。

当时的吴起元当然也希望能够有进身之地了，苦苦地求取学问为了什么？不就是求个仕进吗？只有走上仕途，才能实现自己素日的愿望，一展抱负，不然什么也谈不上。他在焦急地等待着父亲和老师的结果……

盼望的同时，也很是担心，因为，事情一旦露馅儿，是要承担责任的，这个可不是什么小责任，这是要犯朝廷的王法的呀。最担心的人要数吴起元的两个母亲了，女人胆小，最怕出事，她们私下对丈夫说："要是无事还好，若出了事，官府追究下来，我们如何能承担得起？你坐了大牢，咱们一家的天也就塌了。"说着说着，悲从心来，禁不住又抽噎哭泣起来。

吴彭年说："如果做事那么前怕狼后怕虎，瞻前顾后，那什么事也做不成！"

吴彭年是铁了心，吴起元的母亲也知道说服不了自己的丈夫，那么多年苦心供应自己的孩子读书是为了什么？

宋琛先生是一位过来人，是经历过科举的，也是一位有身份的人，在此事的操办上，吴彭年多依赖于宋琛先生。宋琛先生满怀信心，满怀热忱。

在多方努力下，宋琛终于为吴起元找到了一个冒名的机会。那是宋琛他们家曲曲连连，蜿蜿蜒蜒，九曲十八弯的一个很远的亲戚。这家亲戚在邻近如皋县的牟利镇，吴起元冒充的人就是张駉的侄孙。

张駉，字世德。子名张镕，孙名张育英。他们原来也是当地的大户之家，有籍在册，子弟能够科考。经宋先生联系了以后，张駉趁着侄子张铨新丧，就让吴起元挽丁成礼，假充张铨的儿子，取名为张育才，字树人，入了如皋籍。吴起元的父亲吴彭年答应事成之后，以二百四十千钱做谢礼。

虽然他们家原是大户人家，可如今早已败落，张駉又好吸大烟，是个烟鬼，也正需要钱财，吴彭年给他们些好处，他们自然是十分的欢喜。

这事定了以后，大家的心里都安定了，接下来便是督促吴起元赶紧准备进行科考。

## 冒籍的喜与悲

吴起元在怜才热心的老师帮助下，冒用张育才的名字取得了考籍，聪明有才的他很顺利就通过了童生考试当中的县试、州试，还于最后的院试当中取得了骄人的考绩，获得了叫他们一家子欣喜若狂的秀才的功名。

其中有一次，吴起元考得不是太好，回来之后他的老师宋琳大为恼怒，对他说，若有一千人参加考试，只取九百九十九名考生，那不取的一名便是你！张謇听了很是羞愧，自此更是发愤读书，他于他的窗口及帐顶写上“九百九十九”五个大字以激励自己，并且于枕边按放两根短竹夹，睡觉的时候将自己的辫子给夹住，自己的头稍一转动，便会被拽得生疼，将他疼醒，然后赶紧爬起来读书。每天晚上，一定会用尽两盏灯油，一抬头看见自己写的“九百九十九”便会泪流满面……这一年，他 16 岁。这次，他中了秀才，父亲吴彭年抱着他不松开：“儿子呀，儿子呀，你终于是秀才了，可为我们家争光了，我们一家再不是什么冷籍了！”

母亲也笑着流眼泪，说：“我儿就是有出息啊，我儿就是有出息！”

羡慕得四邻也为他们道贺，说："吴长泰从小就不一样，上天注定的，以后取得了更高的功名，被朝廷任用，可不要忘了我们这些乡里乡亲啊！"

吴长泰连说："那是那是，再高的功名也忘不了我们的乡里乡亲。"

然而，在高兴之时的他们忘了，纵然他们家出了个秀才，他们家还是冷籍，虽然证明了他们家的人不是弱智，然而冷籍的身份是难以改变的，因为小长泰是冒用别人的名义呀，并不敢公开自己的真实户籍，自己的真实身份。

大兴之时常生悲，当初吴长泰母亲的担心不是多余的，该来的总会来的。

再说那如皋县的张駉家里，当初吴起元家是给了他们不少好处，此后一段时间也给他们送过不少东西，然而，哪能填得住张駉那个大烟鬼的无底洞？没钱的时候，他还千方百计借着吸，偷着吸，何况有现钱的时候呢？多少钱也不够他吸的。当初他也只是想着人家冒用他们家的名义进行科考对他们家不妨什么事，自己家还能得到些好处，没想到的是吴起元那小子竟然是那么的幸运，很快就取得了秀才的功名！难道是自己家有上天照应着？他想，那肯定是有上天照应着的，不然像吴起元家世代都没有功名，被当今朝廷定为冷籍，如今一冒用了自家的名义，就考得这么好呢？想来想去，就觉得自己家名义让吴起元给冒用了，自己家里太亏。这时候他周围的那些狐朋狗友们也都在撺掇他：

"老张，你们家冒青烟冒到人家头上了呀！"

"多亏呀，自家的运气都被人家给带走了，直落得你这等穷苦，皮包骨头的瘦！”

“你吸大烟没钱，为什么不去向吴起元秀才家去讨要？”

“不给，你到官府去举报他，让他秀才当不成，更别想以后当官了！”

……

像这样的大烟鬼本就是没皮没脸的人，经不住人家撺掇，于是不断地去往吴起元家要求财物。

吴起元一家刚开始的时候，也觉得亏欠他们，来了就给他一些，好好地打发他回去，可时间久了，就架不住了。想一个农户家庭，纵然是精明，开了几年瓷货作坊，能有几个钱？如此一个大烟鬼儿要来要去，怎么也填不满他的黑窟窿。于是，便不再欢迎他了，对他冷脸相待；然而还是不敢与人家翻脸的，人家要真的举报，如何是好？

于是又千方百计地哄他，打发他回去，可这样的日子何日是个头呢？眼看自已家这些年积下的财物都被这个大烟鬼给折腾得……如今已是负债累累！

被朝廷打入冷籍的人家想翻翻身，是如此的艰难！

吴起元心烦意乱，为了自己的功名，竟把全家连累得……还不如不要这个功名呢！一次那个大烟鬼又来讨要财物，就被吴起元和他的兄弟给强行轰了出去。

大烟鬼先是躺在地上要赖，说小育才不孝，竟敢轰打长辈，不是他们家，能有你小育才的今日吗？说：“小育才，你等着，我要告你忤逆不孝，殴打长辈，我可是你的爷爷！”

吴起元气堵上心，说：“你告吧！我这秀才不当了！去告吧！”

大烟鬼儿无奈爬起来，走了，说要到官府去告小育才。

然而，大烟鬼也不傻，不到万不得已，他是不会去告发的，他的目的不是告发，要人家坐牢，他的目的是要钱，要财物，如果人家真要坐了牢，那他的摇钱树以后也就真的是折了。

父亲和哥哥弟弟们将吴起元拉回家里去，一顿数落，父亲骂说："你这个小兔崽子，你如此对待那个大烟鬼，他真要去告发可如何是好？做事为什么不过过脑子？"

他的母亲也在一旁呜呜地哭。

为了翻身，为了求取功名，弄得一家人不得安宁。1871年的四月份，吴起元听说官府要拘押他，他只好冒着雨连夜跳墙逃跑了。

后来，张謇追述那时的情景道：

盖学官事辈关通知县为之，必制余无他遁之途，而后可押而絷之也。差索歇保，随时听传。时日向曛矣，大风密雨。上灯后，计不如叔留而余回通，乃藏钉鞋衣底，躧敝鞋笼灯独出……旋念出北门必经县署，不便，折出东门，过桥骤风灭灯。时甫浚城河，缘河泥淖深二三尺，连属不绝，虽雨势稍细，而云黝如墨，立桥下久之。易钉鞋，而藏鞋弃灯，持盖柄为杖，蹲地定瞬，辨路高下险易，行十余步则一蹲。足陷泥淖及踝，钉鞋屡堕，揞杖起之而行。是时忿火中烧，更不知有何畏怖，亦辄作挟利刃斫仇人头之想；又念父母在，此身事大，不值于鼠头并碎，且自解自行。东门之北门裁三里许，三四时始达。比至友人处叩门，街柝四声，雨止天霁。

友见余状狼狈，大骇。告以故，急借衣履易焉。外雨内汗，襦裤尽湿，足疱累累，遂坐而担待。日甫出，乘小车亟走，百三十里一日二之通。（张謇《张謇全集》）

尽管如此，那时的张謇还是为此被县学羁押了三个多月。

## 接连的失败

为了一个功名，成年累月地过着胆战心惊的日子，也真是让人受不了，最后，家人终于答应了吴起元，让他主动去衙门请求割除自已秀才这一功名，并听从处置。

那时候的吴起元的文名和才智在他们那个地方早已是相当响亮了，当地的县太爷，也早有耳闻，很是同情他的遭遇，再加上他的老师从中游走讲情，因此并没有对他进行处置，也没有革除他的秀才功名，还上报上级衙门准许他回原籍通州（今江苏省南通市辖区之一）进行考试。当时的通州知州是孙云锦。孙云锦，字海岑，安徽桐城人，是咸丰年间名满江淮的名士，也是非常爱才的一个人，见吴起元人才出众，更是出面为他调解，将此事上报给江苏学政，最后上报到了礼部，礼部同意吴起元重填履历，撤销控案，恢复通州原籍。1873 年，吴起元被划归原籍通州，成为一名正言顺的秀才，这才算是真正有了功名。

作为冷籍家庭，他们家也终于可以扬眉吐气了，这也是多么不容易的事啊。冒籍这件事是吴起元对这个社会感受最为深切的一件事，也使他深感耻辱的一件事。使他更加真切地感受到世态的炎凉，社会的残酷，也使他更加地发奋努力，刻苦自勉。后来，他记述这件事道：

> 十八岁乡试被摈，自惭所为文陋劣，乃师无锡赵先生。先生故制艺老师，则令尽弃前所学，令读明人制艺，治王氏四书大全。初以为寂寞冷淡，棘棘不能人，临期为文，则先生尽涂乙之，而督之益亟，逾半年乙渐少，渐令读明季清初人制艺，治朱子或问语类，年余乃稍年余乃稍稍获褒语，如是者三年。（张謇《张謇全集》）

当时善良的人们都认为才子吴起元以后的道路必然是平坦的，想他一定会顺风顺水，一步一步地很快走向高位。

然而，科考的路对于农家出身的吴起元来说，并不是那么平坦的。虽然，他一开始科考的时候，走了一段平坦的路，然而，刚一摆平冒籍的事，又出现了非常坎坷的事。

在清朝，考生中了秀才之后，接着便是乡试，参加省里的考试，如果考中也就是中举了。然而，考生在每一次进行乡试之前，一定要进行学政巡回，府里还要进行岁试，程序很是繁琐。岁试一、二等才可以进行次年的科试，科试成绩好，才能够进行三年一次的乡试。

那一年，吴起元在科试当中得了第一等的十六名，可以进行乡试了，这是他第一次参加省里举行的乡试。他和他的宋先生一同去省里赴试，没想到却落榜了。这是他在科考路上遭遇到的第一次落败。他没想到凭自己的才学，居然会考得那么差！到底是自己没考好，还是怎么回事？他觉得他题都答得不错呀！

经过这一次打击之后，家人也知道了凭他们家的小天才走科举之路也不是那么容易的。可没想到的是接连的失败，连考连败。

吴起元从16岁中秀才到27岁之间，18岁、21岁、23岁、24岁、27岁前后五次赴江宁府应江南乡试，先后五次都名落孙山。这到底是怎么回事呢？

这主要是那时候社会太黑暗腐败了，吴起元先后接连考了五次都被当地有权有势人家的子弟给顶替了，因为中举可不像中个秀才那样的简单。中了秀才穷人还依旧是穷人，中了举就不一样了，那就等于踏上仕途，可以当官了，有钱了，所以考举人的秀才们竞争很是激烈。在当时那个腐败社会，有权有势人家的子弟当然是占了先，像吴起元这样的农家子弟就只有被淘汰掉的命运了。你看他不关键的考试很是优秀，大多第一，然而到了关键那一考，必定是落败。

一次次的落败，吴起元心里自然很是焦虑的，为了考试，给自己家里带来了多少的麻烦！自己家里本来是小康，可看看如今，日子是一天不如一天，父母也渐渐地老了，头发也花白了，身子也萎缩了，他每看及此，心里都是痛的……

他自然每日都在努力着，以不辜负父母，特别是父亲对自己的期望。可他是考一次累一次，累一次，也失败一次，他实在是非常非常厌倦了。学归学，他是很愿意多学些东西的，说不定什么时候就能报效国家。

那时候的张謇形象是这样的：外面总是穿着一领竹布长衫，内衣“狗嚼嚼”，破烂不堪；然而，脸庞清秀，天庭饱满，牙齿整齐，言谈举止颖悟不同一般。

他当时于日记中写道："是日传各处新捷讯，风声鹤唳，纷纷不一……三场辛苦，徒结灯火之缘；千里往来，权了文章之债……三更，父自西亭归，得知通属只中三人……（九月二十日）"

然后便是一场大病，"是夕头胀目眩，汗出如浆。（二十一日）"

"夜则寒热大作，自此迁延床蓐寝不成寐，中宵辄呼号，一室为之不安。（二十四日）"

直到十月二十日，依旧是"手犹战战，字迹如婴儿学步"。

对于光绪二年（1876年）的那一次乡试，张謇于他的日记里是如此记的："作四艺成。寒气逼人，骨冷欲折，以被裹体，傍烛不温。（八月十二日）"考完之后仍是"倦极如病"，"仍病咳，委顿愈甚。"九月十三日发榜之时"……知又落孙山矣……诸所钦服者皆被黜，余亦何憾？惟家中老亲以下，及菊师、海师、子师，诸知己尚遥遥盼望，是则不能揣摩风气迎合主司者，重贻两日之虚望也。"

张謇受够了乡试的折磨，也慢慢明白了科举考试到底是怎么一回事。那一次他说什么也不想再考了，得知自己又落败之后，把自己的考具都给砸碎了，说："什么科举？我今生再也不考它了！"

心疼得家人又是抹泪，又是劝他。老父吴彭年还流着泪颤抖着骂他道："你这个不肖子，你怎么把考具也给砸了？那可是我们家的命根子呀！"

张謇听到这话也蹲下痛哭，妻子徐氏和他抱在一起痛哭——

张謇中秀才后很快和海门的徐氏结了婚。

光绪五年（1879 年），担任副主考的两江总督沈葆桢，于病床之上曾给他传话说：“做文章不能光学《班书》，需着重读《史记》。”

张謇很受感动，便努力攻读，来弥补自己的不足，下功夫钻研太史公的著作，同时还学习《管子》、《晏子》和历代各家名著，且大量阅读明、清地方志书，日积月累，博闻强记，打下了牢实的基础。

2

## 寄身军营——学识满腹，岂能不报国？

### 成为幕僚

通州（今江苏省南通市辖区之一，下同）知州孙云锦非常的赏识张謇的才学和智慧，屡屡有用他之心，因此在帮张謇了结冒籍案之后的第二年，孙云锦被朝廷调往江宁任发审局委员，便邀请张謇和自己一同赴任，作自己的幕僚，遇事可以在一起商讨，也可以在一起切磋学问。对于这件事，张謇和他的家人当然是很高兴的了，跟着一位当官的，强过在农村一边帮家里干活一边读书。他跟着孙云锦大人一边可以帮大人做事，一边可以读书做学问，还熟悉了官场，增长了见识，为日后自己踏上仕途做准备。按传统的观念，由科举进入官场才是读书人最为理想的出路，其次才是充当军政大吏的幕僚。不管怎么样，这给了张謇一个很大的帮助，让张謇感动得无可覆加，此后他把孙云锦当成了自己的恩人。

张謇在孙云锦这里的主要工作就是伴着他的两个儿子读书学习，孙云锦给他的月薪是十金。

张謇跟着孙云锦到了江宁，这可是省城，比起他的家乡通州，那可让他眼界大开。张謇来之后没多长时间，便投考了设在此处的几所很有名的书院。从唐朝便开始的书院，聚集着许多的名士，他们跟学生有时个别钻研，有时互相问答，有时集中讲解，深入探讨儒学经典，对中国学士的发展有着非常大的影响。张謇曾投考李小湖的钟山书院和薛慰农的惜阴书院，皆是以出类拔萃的成绩考取的。孙云锦还介绍他与凤池书院院长张裕钊认识，此三位学院掌院皆为当时国内最有影响力的学者，张謇经过他们的点拨，学问更是月增日进，他在这里学习了《史记》、《汉书》、《后汉书》、《三国志》、《通鉴》、《文选》和唐朝的文辞诗赋等，还研究了《周易》、《诗经》、《尚书》和《礼记》等经典文献的注疏说文。

当然了，张謇在孙云锦这里是幕僚，不可能把全部的时间都用在读书研究学问之上，同时也帮孙云锦做一点行政事务，从而也更加广泛地对社会进行了接触，也了解了民生，逐渐燃起了他的爱国爱民之情。这年的五月份，孙云锦到淮安办理滨河积压诉讼案件，张謇也随同。七月份，孙云锦又带张謇去江阴鹅鼻嘴工程。这两次使张謇感触很深，因为他看到江南无论是如何的繁华也掩盖不了人民的疾苦，这一切都对他内心的影响是颇大的。他有感而发，曾赋诗道：

谁云江南好，

但觉农妇苦。

头蓬胫赪足籍苴，

少者露臂长者乳。

乱后田荒莽且芜，

瘠人腴田田有主。

因为对人民的疾苦有了了解，使他对水利引发了兴趣，于淮安对渔河滨进行勘查和处理诉讼案件的期间，他也对明清两代水利专家的关于治水导淮的著作有所触及，还进行了细致的研究。

做官的平时的交际和一个农民商人家庭自是不同，孙云锦结交的、亲近的，多是达官贵人，张謇和孙云锦在一起，自然也认识了不少这样的人。对他影响最大的是淮军“庆字营”的统领吴长庆。

吴长庆，字筱轩，1833 年生于安徽庐江县沙湖山。他的父亲名叫吴廷香，由优贡就选教职。当太平军打到安徽的时候，吴廷香为了应对太平军，便创建了团练。咸丰四年，也就是 1854 年的时候，与太平军作战，骁勇异常，最终战死沙场。大清朝廷为了奖励忠勇，便封他为云骑尉世职。五年之后，已经长大成人的吴长庆袭了父亲的职位，被封为安徽巡抚福济委其统领舒城和庐江团练。因为他的父亲吴廷香是和太平军作战而死的，是被太平军所杀，因此这吴长庆对太平军也是恨之入骨，誓与太平军不两立。

咸丰七年（1857 年）八月份，吴长庆与其他清军汇合将太平军的军事要镇桃溪打下，将来援之军也给打退了，捣毁太平军 30

多个营垒，因此战功，被朝廷加封为守备。十一月份，吴长庆受安徽巡抚翁同书之命创建合肥东乡团练，来保卫合肥，因为他守城有力，翁同书赏他戴蓝翎。咸丰十年（1860年），在华子岗吴长庆将太平军的英王陈玉成打得大败，又被加封为都司衔，赏换花翎。第二年，两江总督曾国藩命令吴长庆打庐江、攻三河。曾国藩命他把自己统领的500人改为庆字营。为了激励将士，曾国藩还亲自为新建的庆子营书写了："忠孝坚定，不可挠折。"

没过多长时间，太平军攻占江苏郡县，吴长庆受曾国藩之命跟着福建延建邵道李鸿章前去对上海予以支援。和上海的太平军在虹桥首战，吴长庆锐不可当，取得了振奋清军士气的胜利。接着吴长庆又催动他的庆子营人马一举攻下了柘林、奉贤、南汇、川沙和金山，将极为精锐的宝山太平军打退。战后论功，吴长庆被授予"游击"（清代武官名，从三品，次于参将一级）一职，留在江苏，等候调用。1862年，吴长庆受江苏巡抚李鸿章之命回到家乡招募兵勇3营。这时候，刚好太平军的忠王李秀成打庐江，曾国藩急忙命他留在军营驻守，吴长庆毫不犹豫地接令道："这本就是我的家乡，也是我父亲殉难的地方，我哪会不誓死用命呢!"

接令之后，吴长庆便挥军和刘秀成打在一起，一鼓作气将刘秀成军队打退。喘息未定，太平军刘秀成又结集大批军队卷土重来。吴长庆坚守伺机猛烈一击，再次将他们打退。

同治二年，也就是1863年，吴长庆率领他的庆子营又回到上海，依旧加入援助上海战。七月份，将枫泾和西塘等镇攻破，又将千窑巢之营垒摧毁。因功被提拔为副将。十月份，又被调到浙江和太平军作战。吴长庆善用出其不意的战术，这次他到达浙江之后，运用偷袭之战术，想把浙江的嘉善给拿下。对张泾的会战中，他把北岸的桥垒也给夺了下来，顺势拿下城池。

同治三年（1864 年），吴长庆在对嘉兴府的攻城战中，他的左胳膊被弹丸所击中，然而，他撕开衣服一裹，依旧冲锋陷阵，血战太平军。自己军中若有人害怕不敢向前的，他即刻斩杀，于是都奋勇拼杀，最终将城池给攻破。此次，吴长庆被加封为总兵之职，并赏“力勇巴图鲁”之名号。

同治五年（1866 年），朝廷的军队分兵援助浙江和福建，吴长庆率兵先后攻克了湖州、长兴、广德、漳州和漳浦等地，由于战功卓著，功劳报至军机处，如碰上提督和总兵出缺之时，可有优先向朝廷提奏的权力。

待太平军基本被平定之后，捻军又起来了。吴长庆率领着马步队十一营跟着李鸿章前去作战。向河南的内黄、浚县、山东临邑、德州、直隶宁静间的捻军进剿。同治五年四月二十八日，捻军张宗禹部转战到宿迁埠头镇一带，吴长庆跟总兵王占魁、况文榜分别率领自己的人马，趁着夜黑人静，向捻军的营地偷袭，斩杀 70 多名捻军。五月一日黎明，复由老河堤内侧和外侧分路进行突击，杀死捻军无数。

同治六年（1867 年）四月十一日，东捻军转战到应山县境内，对朝廷的军队杨鼎勋率领的人马进行伏击，吴长庆带领着自己的人马前去支援杨鼎部，和敌人誓死相拼，把东捻军打退。

同治七年（1868 年）五月四日，西捻军从李鸿章运河和减河的防守当中突破出来，转战阳信和海丰等地，转移向南。吴长庆带领着军队快速地赶到吴桥进行拦截厮杀，杀死很多捻军，让捻军损失很大。将东、西捻军都平定之后，大清朝廷念吴长庆的功勋，赏他穿黄马褂，换瑚敦巴图鲁名号，并正一品封典。当时，曾国藩又一次被派往两江之地任总督，徐海和宿迁所在地理位置非常重要，民风强悍，使当时的驻军常常感觉不安。因此这里也急需得力干练的人来镇守，曾国藩很是器重吴长庆，便对吴长庆说："你是淮军里有名的善战将军，很少有人不佩服的，你就去那里镇守吧！"

吴长庆对于朝廷和曾国藩的器重，心里很是欣慰。马上接令道："末将得令，保证万无一失！"

潘鼎新军于同治八年（1869 年）因为争粮饷而产生兵变，水军和陆军几千人蔽河向南。吴长庆得曾国藩之令前去处理这个兵变。兵变的士卒想要胁迫吴长庆的军队，来对淮阴进行扰乱。吴长庆获悉情况后，马上派出精锐人马对要隘进行严密防守。这时候河水都快速地上涨，北风呼呼地吹着，兵变的水路军坐着船先到了，河面上塞得满满的，排了好几里地那么长。吴长庆先用好言好语把兵变军的头目招了来，然后把顽固不化的骨干们全部砍了脑袋。再对他们晓以利害，将他们全部慑服，不敢有其他的想法，更不敢乱动。把他们的旗帜、枪炮、刀剑等全部收缴了过来，这时候兵变的陆路军也赶到了。他们看见从水路先来的一部已经被解除了武装，更是不敢轻举妄动了，也就此顺服了吴长庆。吴长庆命令另外建立了营帐，把进行兵变的士卒跟他们自己的庆军分开居住，且命军中兵将不能有一人跟他们讲话，遣得力人员，以家乡籍贯而论，发给他们路费，让他们回家。十天之后，已经完全处理完毕，太平无事了。吴长庆办这件事，真是干净利索，让漕运总督张之洞非常的欣赏和赞佩，便立即写了折子为他向朝廷奏功、请赏。朝廷见奏，马上照准，赏加一级，记录两次。

吴长庆于同治九年（1870 年）带领着他的军队驻防扬州，那时候他的亲娘因病去世，他向曾国藩告假，回去为母服丧。曾国藩奏准诏谕，依照军营之惯例，需穿百日孝服，穿着孝衣处理军务。

同治十一年，也就是 1872 年，吴长庆被调往江浦，命他率领的军队对扬州和仪征沿河进行疏浚。没过多长时间即完工，然后，将军队屯扎于江阴。两江总督沈葆桢向朝廷奏道：

> 长庆一军，号令严肃，所驻之处，官民有恋恋不舍之意……

朝廷见奏，很是欢喜，对吴长庆也很是赞赏。1874 年，日本想要在台湾肇事，朝廷命他组建庆字四营，建造江阴和江宁炮台，对长江的防守予以加强。那时六合乡民，由于漕粮负担沉重，聚集了很多的人闹事，沈葆桢命吴长庆即刻前去处理此事。他单人独骑，奔了一个晚上来到城门之下，把主谋之人用好言好语诱到自己面前，言说可以免他死罪，随后再用好话进行说服，很快把他们都遣散了。吴长庆说：“江宁漕粮之重，同于苏、松二府，而六合与贼（太平军）相抗最久，被害亦最酷，今二府减漕粮五十四万，而江宁如故，富者且为能纳，则贫者流亡日多……宜奏请减之。”

对于吴长庆的这番话，沈葆桢感觉说得非常对，所以向朝廷奏请减江宁五属漕粮。

1875 年，也就是光绪元年，吴长庆因功被加封为直隶正定镇的总兵，沈葆桢上奏朝廷要吴长庆留在江南驻守，朝廷照准。

第二年，宁国府天主教徒白会清、杨琴锡和黄之绅等一些人，利用教会的名义在乡里作恶多端，横行霸道，欺男霸女，人们十分的不满，总是敢怒而不敢言，然而，愤怒藏在心里，总有一天会有爆发的时候。愤怒的人们共有一万多人手里拿着家伙，嘴里呐喊着，一齐起来，将几个大恶霸的家团团围住，然后，把杨琴锡和黄之绅揪出来活活打死，然后又赶至教堂，一把火将教堂也给点燃，烧了个净尽。只有白会清侥幸逃得一条性命。他知道在此种情况下，自己也很难幸免，于是就想来个殊死挣扎，最后拼上一拼。他挑动西洋教士构松为已经被打死的那两个大恶霸报仇。这个构松到处抓人，使老百姓们内心深处很是害怕，日子过得心惊胆战，极不安稳。沈葆桢这次还派吴长庆处理此事。吴长庆到后，教士指控建平人何诸是这次暴乱杀人事件的总头目，要求马上把何诸予以斩杀。何诸谒见吴长庆说："那时候，衙门里的人胡乱抓人，根本不问是非。为了平息这件事，我自己来自首，愿意顶罪被诛。吴长庆觉得，如此袒露胸怀的人绝对不会胡为，于是说服同僚，千方百计地查明真相，向上面报请何诸无罪，并对教会的不法行为进行严惩。还建议沈葆桢应亲自出面对这件事情进行审理。沈葆桢觉得吴长庆说得有理，便如此这般地去办，事情得以平息。

江浦有条河，名叫黑水河，每年都会发生水灾，对两岸百姓造成危害。使200里以内的百姓生活很是困难。总是发生完水灾，再承受蝗虫之害。吴长庆在江宁驻防期间，带领部下为人民捕杀蝗虫，也总是在两岸行走，深知老百姓的苦楚，便提出建议对下游的泉河和玉带河进行疏浚，彻底根除黑水河为人民带来的灾害。光绪四年，也就是1879年，沈葆桢听从吴长庆的建议，向朝廷奏请河事，命吴长庆率领他的军队进行治河工程。吴长庆接受任命之后，自勘察至材料的筹集，自兵力上的分配，至劳动工具的配备，每一件事，他都亲自过问，亲自打理，艰苦奋战了整整两年，才完成了工程的一大部分。之后，大学士左宗棠为两江总督，吴长庆接着完成这件事，一直到完全竣工为止，如此之功德，让人民大为感念，深为赞颂。

就这样，吴长庆凭借着他的聪明才智，凭着他为大清朝廷的一腔热血，功劳一天天积累，官职也逐步上升。

吴长庆和孙云锦是世交，关系很是亲密。吴长庆虽任职武官，待人却甚是随和，且他也是读书人出身，举止相当文雅。吴长庆见了张謇之后，一番攀谈，也很是喜欢这个有才华的年轻人，觉得孙云锦真是有慧眼，能收录如此有才华又有见识的年轻人。后来，吴长庆得知张謇有志于科考，就劝他到应顺天乡试，还说愿意对他此行进行资助。刚开始的时候张謇认为这只不过是当官的客气话而已，不必当真的……谁想三天后吴长庆却真的让部下人送来“朱提百两”，感动得张謇什么似的，他也的确是缺少这些东西呀，不由得使他对其刮目相看……

吴长庆心想要是张謇跟了自己那是多好的事呀！可就怕自己的好朋友孙云锦不肯让贤。

吴长庆日夜思慕这件事，放心不下，说什么也要得到张謇不可。终于有一天，他向孙云锦提出了，这是不好开口的事，他也明白自己的好朋友孙云锦也非常地赏识和喜欢张謇，离不开张謇，这是夺人所爱！若不是他吴长庆太喜欢张謇也真不好张这个口。他憋了好长时间才对好朋友孙云锦说：“云锦世兄，我们兄弟关系一向如何？”

孙云锦不知他要说何话，当然也不知道他的心思，就说：“长庆兄，为何今日说这话？我们的关系那还用说?”

吴长庆说：“是呀，我们兄弟一向好得就如一个人似的，有酒大家一起喝，有肉大家共同吃。”

孙云锦也说：“不分彼此!”

吴长庆说：“你的就是我的，我的就是你的。”

孙云锦说：“一向如此!”

吴长庆说：“我也知道，云锦兄非常的喜欢吴起元，很难开口。”

话到这里，孙云锦也明白了吴长庆在想着吴起元，也许他是要吴起元跟着他吧？于是心内一阵紧张。如果他真要，自己将如何?

吴长庆为难了半天，方说：“既然我们兄弟有酒大家一起喝，有肉大家一起吃，就让吴起元也跟着我一段时间吧?”

害怕的事，终于变成了现实，孙云锦不知道说什么才好，微笑着思考了好半天，没说一句话。吴长庆看他这样，便不好意思地说：“难为云锦兄了。”

孙云锦笑着摇了摇头。吴长庆心里像掉了一块肉似的，难受了一下说：“云锦兄要真舍不得，那就让吴起元还跟着你吧，主要是我们两个都太喜欢他了，他确实很有才。”

孙云锦终于下定了决心，为了朋友之情，便说：“是我们都喜欢吴起元，你真想让他跟着你，你可以问问他本人，只要他本人愿意，就让他跟着你吧!”

这下，吴长庆也高兴了，其实，之前他已经跟张謇交流过感情了，说只怕孙大人会不高兴。这下可以完全放心了。

于是当下就把张謇叫了来，很快谈妥。从此后，张謇就跟了吴长庆，做吴长庆的幕僚，张謇又上升了一个层面，眼界自然也更开阔了，从书本上学到的东西也不再是抽象的了，知识也变成活的东西了——这就是人才和无用的书呆子的区别。

## 初为军幕

张謇刚到军队里做吴长庆的幕僚时，也不能马上适应，后来他曾记述过这段生活，他道：

> 某于光绪初年，初入吴武壮幕，时已下午，室中仅置铺板一付，粗木桌椅各一。适值大雨如注，未几水流入房中，深至数寸。盘膝坐于板上，一灯如豆，万念皆灰。遥闻中军帐中，拇战仍正豪，武壮宴客席未终。回思此境，实觉难堪。（刘声木《苌楚斋随笔、续笔、三笔、四笔、五笔》）

在军中给吴长庆当幕僚和在孙云锦那里自是不同，使张謇又有了更好的锻炼机会。他在军中帮办文案，让他和各个阶层的人士特别是淮系的中上层人士有了相当多的接触与联系。他仅仅帮吴长庆通信联系的就有李鸿章、李鹤章、唐定奎、周盛传、刘铭传、卫荣光、吴元炳、沈葆桢、刘瑞芬、赵子芳、吴汝纶、李凤苞、潘鼎立、方宗诚、程文炳、吴赞诚、靳方琦、丁汝昌、龚照瑗等许多官场重要人物，在军队里待久了，和军队里那些重要的将领军官们也都很熟悉了，比如曹德庆、叶志超、黄仕林、靳方琦、丁汝昌、龚照瑗等等都和张謇成了好朋友。

朝廷命官都是颠沛流离的，也根本不存在一辈子只在一地做官的官员。1880 年，吴长庆奉朝廷之命去督办山东海防，张謇也跟着他去了山东。次年，张謇在山东认识了袁世凯。

再说这袁世凯，别看他个子不高，身材五短，腿短颈粗，走路还是正八字步，然而却甚是有来历。他出生于 1859 年 9 月 16 日，家住河南省项城县王明口镇的袁寨村。他们家是一个世代官宦的大家族，父辈和祖辈大多都是当地的名流。袁家自清朝道光年间开始兴盛起来，他的从叔祖袁甲三曾经督办过安徽的团练，官一直做到漕运总督。他的父亲名叫袁保中，也是当地有名的绅士。不过，袁世凯从小就过继给了叔父袁保庆，叔父袁保庆便成为了他的父亲。袁保庆曾在淮军袁甲三的军中带兵，官至江南盐巡道。袁甲三是袁世凯的叔祖父，也是淮军的主要将领，袁世凯小时候很是崇拜这位叔祖父，因为在当时的袁世凯眼中，他就是最大的官了，袁世凯自小就崇拜和羡慕有权有势的大官。所以，袁甲三对于小时候的袁世凯影响很深。袁世凯少年时代跟着袁保庆先后去济南和南京等一些地方念书学习，袁保庆死后，袁世凯跟着袁甲三的儿子户部侍郎袁保恒来到了北京念书学习。然而，袁世凯在好勇斗狠上还可以，但不是读书的料儿，他的书总是读得一塌糊涂，于是决定书也不读了。

袁保庆和吴长庆是世交，袁保庆在南京的时候，吴长庆带兵驻扎于浦口，两人关系非常地好，不是亲兄弟，却胜似亲兄弟。在袁保庆死的时候，吴长庆渡江视敛，“扶棺痛哭”，帮助他们家的人料理丧事。因此，当袁世凯来到登州的时候，吴长庆不仅“肫然相信”，乐意收留，还倍加照抚。

其实，袁世凯最热衷的是武事。能在军队里用武，才是他人生最大的理想。当年，袁保庆由山东调至江苏。在南京，袁世凯的一位老师曲沼擅长武术，教给了袁世凯一些拳法剑术。袁世凯自小喜爱兵法，立志学“万人敌”。曾经自谓“三军不可夺帅，我手上如果能够掌握十万精兵，便可横行天下。”总是不惜重金搜罗买些各种版本的兵书战策来读，相当用功，被当时他身边的人们讥笑为“袁书呆”。袁世凯 13 岁时，曾制联“大野龙方蛰，中原鹿正肥”。寥寥十字，可比楚霸王的“彼可取而代之”，颇有豪气。

而吴长庆也知道他不爱读书，吴长庆同时也认为不爱读书的人自然是没出息的，差不多也就算是粗人一个了，因此也没有给他安排什么差事，说：“世凯贤侄在营中无事，就跟着吴先生用功读书学习吧，吴先生可是当今大才子呀，胸中的学识值钱得很呢!”

张謇忙谦虚地说：“哪里哪里，我也是才疏学浅，正在努力攻读，以期为国出力，可以和世凯兄在一起共同努力。”

吴长庆也不管袁世凯愿不愿意，就大笑了说：“如此甚好，有吴先生这样的好老师，世凯贤侄可以抓紧时机好好努力呀，只有把书读好了，才会更有用武之地。”

袁世凯忙说：“是是是，谨遵叔父教诲！以后一定跟着吴先生好好上进!”

吴长庆让袁世凯给吴起元当众行学生之礼，吴起元也赶紧回礼。算是拜了师了。

袁世凯得不到吴长庆的重视，心中自然是郁闷，不开心。也只好跟着吴起元先生读书学习，他虽不爱读书学习，但内心是相当敬重读书人的。在吴起元面前他表现得也总是很恭敬，吴起元也认真地教他。

吴起元刚开始的时候，也认为袁世凯是个粗陋之人，不好好读书，是个什么都不懂的浪荡公子，可是两人在一起时间长了，这样的看法也就改变了，他很快发现袁世凯不是那样的人。这袁世凯虽不爱读书，对于现实社会却有着自己的真知灼见，并且很有见地，令吴起元很是敬佩。

此后，吴起元就开始在吴长庆面前总是为袁世凯说好话，说他是多么多么得有见识，多么多么得有理想有抱负等等。吴长庆当然是不相信的，可他也知道吴起元也不会凭空杜撰，于是就把袁世凯叫来和他谈话，袁世凯对于社会，对于军队，对于清朝的国际关系的见解果然很是独特深刻，令吴长庆惊讶不已。从此，对袁世凯也就改变了原来的看法，开始慢慢地重视他了，有了事情也把他叫来参与意见。

此后，袁世凯和吴起元也就逐渐成为了吴长庆身边的两大幕僚。

## 朝鲜之行

吴长庆非常信任和器重张謇，把张謇看成是自己的重要副手，让张謇直接参与军队里的决策大事，每月的薪俸是二十金。吴长庆还专门为张謇在军营里建造了茅屋五间，让他读书之用，还要为张謇出钱买官，张謇没有依从。吴长庆对张謇很好，张謇也对吴长庆崇拜和敬重，两人感情很是浓厚。在吴长庆举办50寿宴之时，张謇对吴长庆高度赞扬道：

屏后有侍史记言，帐下客狂生长揖。修文翁之学舍，置范氏之义出。帔怜任昉之孤，粟继公西之母。爱民而萧嶷平税，济人而郑国兴渠。分十道以捕蝗，出五校以逐兽。筹荒邻境，遗丞相之蔓菁；示义富民，解赵州之金带。又公等所得其一，而足以自豪者也。（张謇《张謇全集》）

由于打心眼里对吴长庆钦佩和敬仰，也出于对他的感恩之情，张謇也倾心辅助吴长庆，做什么事情，无不尽力。吴长庆当时名气非常地大，在他的幕内，除了聪明有才学的张謇外，还有朱铭盘和周家禄等，全是当时的大名士。

光绪六年，也就是1880年的春季，朝廷升吴长庆为浙江提督，吴长庆接命进京朝见皇上，吴长庆也让张謇随同进京。是年冬，吴长庆奉朝廷之命帮办山东防务，张謇也跟着吴长庆的军队移居至登州黄县。

光绪八年，也就是1882年六月份，朝鲜国发生了“壬午兵变”，这个“壬午兵变”是朝鲜国内统治集团的闵妃派与丧失势力的大院君派系之间的相互倾轧。日本国见有机可乘，就找借口说：“你们朝鲜国发生的内乱碍我们日本什么事，却让我们日本国的使馆人员遭到了损害！你们必须做出赔偿，付出代价！”日本国的大使馆人员哪遭到什么损失，朝鲜国也明知道他们是故意挑衅，当然是不愿给予赔偿和付出代价了，于是产生口角摩擦。日本就马上发布了命令，让日本国的军舰进抵仁川。他们的想法是进一步侵犯中国的东北地区。当时的清政府驻日使馆接到消息后，也马上做出了反应，电告署理直隶总督的北洋大臣张树声，此时正在中国天津的朝鲜闵妃派官员金允植与鱼允中也请求清朝朝廷出兵朝鲜对兵变进行镇压，以抵日本。如此，朝鲜国内的派系斗争迅速变成了清朝政府和日本国的对峙。

张树声是一个真正的军人，一个爱国将领，他本是北洋大臣李鸿章的副手，此时李鸿章因母丧，丁忧回乡，暂由他来代理李鸿章的职务。他坚决主张抵抗日本军队。他积极和海军提督丁汝昌、淮军将领吴长庆召开秘密军事会议，商量计策。那一年的六月二十四日，丁汝昌奉命来到登州，拿着北洋大臣直隶总督张树声的手信，当面交给淮军首领吴长庆，要吴长庆到天津和他共商军策。

这是军机大事，吴长庆不敢有半点懈怠，马上准备了就带着张謇上路。二十六日，他们乘船抵达大沽口，张树声早已经派员等候在那里了，领着他们来到一个事先准备好的公馆内歇息。没过多长时间，张树声就带着他的得力参谋何嗣焜不声不响地来到了公馆。他们在这里秘密商量派兵东征的事情，并研究如何对付日本人的办法。商议两次，每次都非常机密，在座的除了主将张树声和吴长庆外，就只有何嗣焜和张謇二人。

二十九日，吴长庆和张謇二人返回登州，临行之前的准备工作与极其重要的文件主要是由张謇负责。张謇在这些事中积极为吴长庆筹划，为国家、民族，也为了回报吴长庆的知遇之恩，从而使自己也得到了很好的锻炼。吴长庆许诺张謇说："待事成之后，本帅赏你三千金，以作奖励。"

张謇说："我不要什么奖励，为国为家出力是人人应该做的，只求事情能够顺利成功。"

七月三日，吴长庆的军队乘坐威远、镇东和日新三艘战船出发朝鲜，张謇也跟着吴长庆赴朝鲜对日参战。在路上走了四天的时间，来到了烟台，又增加了泰安、拱北两艘战船。就在乘船中间，张謇又用他的才华写下了《谕朝鲜檄》。

此时海风疯狂地刮着，难以行船，更显出战前的紧张气氛，也因为海风太大了，只好命令各船在威海卫停泊下来暂避。兵贵神速，一些将领们心里很着急。此时，袁世凯在“前敌营务处”，负责军需和勘定行军路线等任务。办事干练的袁世凯早就通过朝鲜国的使者金允植将朝鲜国内的政治、军事和地理等情况摸得清清楚楚。

七日清晨时候，大清军队到达朝鲜。

八日，进入到内港马山。袁世凯率领他的前敌营务处几名干将首先上得岸来，勘定了大军登岸的地点与行军路线。

九日，吴长庆命令一个营作为先锋先行登岸，然而，这个营的士兵都犹豫胆怯，营官也说：“大人，我们实在不习惯航海，您看差不多的人都晕船，还是稍缓一下吧！”

吴长庆见状很是生气，说：“这是军事行动，不是在家种庄稼，可以稍缓一下，如此贻误战机如何打仗？这样的指挥官也不适合当指挥官。”

此时的张謇见袁世凯文章虽然写得糟糕，但处理军务却如鱼得水，甚是得法，好像他天生就是做军事的料儿，因此便向吴长庆极力推荐他。

震怒之下的吴长庆当场撤了这个营官的职务，由初露锋芒的袁世凯来担任。袁世凯不由分说便接令马上带领着人马登陆上岸，很快便把任务完成了。

黎明时分上岸，军队在马上驻留。也就在这里，吴长庆、丁汝昌和马建忠等主要将领开了个军事会议，计划采纳金允植的计策，把大院君给诱捕，还政权于国王。

袁世凯由金允植引导着，以前敌营务处第一营代理管带之身份领着他的人马向朝鲜的京都汉城方向进发。而此时的大清兵丁，因为久疏战事，此时显得很是疲惫，行军的速度很是迟缓，纪律也很松散。甚至在行军的路上，还出现了对朝鲜的老百姓奸淫掳掠的现象。袁世凯得知情况后，知道不来硬的震慑一下是不行了，便大开杀戒，一气斩了七个兵士，然后手里掂着这几颗人头来见主帅吴长庆。吴长庆见袁世凯如此果断干练，心里很是赏识，说道："真是将门之后，这些违纪的士兵不杀不足以安民心，不杀不足以明军纪，杀得好!"

有了主帅吴长庆的支持，那些懈怠的士兵再也不敢放纵了。

张謇见袁世凯有出息，心里也很是兴奋，还给袁世凯的叔叔袁保龄写信称赞袁世凯说："慰庭任事非不勇，治事非不勤，但他的举动总夹杂着世故客气的做作，不是一个有学问的人应该有的。不过，要说起他的才能，恐怕是您家族中少有的人物。他现在从军驻扎在朝鲜，希望您嘱咐他谨慎从事。"

八月二十五日，他们的军队开进汉城的南门外南檀，第二天，就开始诱捕朝鲜的大院君。先是吴长庆、马建忠和丁汝昌前去对大院君进行拜访，以诱大院君。到了大院君那里，他们表现得十分诚恳，赞扬大院君为朝鲜做出的丰功伟绩，对大院君表示衷心的祝福，总之搜肠刮肚把好话说尽，但又注意滴水不漏，不越分寸，以防大院君有所猜疑。大院君在他们几个人的热情之下，果然上当，毫不怀疑地表示要进行回访。

吴长庆几个人回到自己的营地之后，马上命令部队做好擒拿大院君的准备。

当天下午，大院君笑盈盈地带着他的几十个亲随来回拜，袁世凯把大院君的卫队阻挡在中军之处，对大院君宣读了朝廷的圣旨，顺利地把大院君擒拿了，强逼他入舆，连夜押解到了马山港。然后又上了军队停在那里的船舶，押赴天津。

在朝鲜的吴长庆应朝鲜国王之请，对各地的义军进行镇压。九月十二日，朝鲜国王把闵妃接回宫内，于是闵妃势力集团又重新掌握了朝鲜军政大权。中旬的时候，国王大摆宴席隆重招待吴长庆等人，对他们此行的帮助，表示由衷的感谢，说："若非天朝大军降临，鄙国时局真是难以收拾呀！感激之情难以述说。"

吴长庆和张謇等人也忙谦虚道："哪里哪里，我们友好邦交，世代相亲，应当的应当的。"

吴长庆他们向朝鲜出兵，主要是为了维护朝鲜的统治秩序，阻止日本军兵对朝鲜的侵扰，来加强清朝自身的国防，在这次出兵当中，吴长庆军队是立了大功的。当然，作为吴长庆重要幕僚的张謇更是功不可没，他不但参与了一系列的决策，在执行这些决策当中，他也表现得非常出色，显出了他做事的精明和干练。

在此次行动中，表现比较出色优秀的当然还有袁世凯。袁世凯带领一支人马配合行动，杀死了数十名兵变参与者。在战斗的时候，袁世凯一路放枪，带头冲在最前面，他的坚毅勇敢感染了部下，兵变很快得到了平定。吴长庆在给大清朝廷的呈报中把他赞扬了一番，说他是"治军严肃，调度有方，争先攻剿，尤为奋勇"，给他报了第一功。

功成之后，张謇回乡应考。过了年后，心中仍然是志气满怀，充满豪气，便在自己的居室里自己题写了“壮复斋”三个大字，挂在墙上以自勉。乡人也都为他自豪，说他为国出力了，成了大功臣。

到了四月十五日，远在朝鲜的吴长庆便来消息，让他仍回朝鲜效力。于是，张謇又回到了朝鲜汉城的军营里。回到军营后，依旧是刻苦努力，攻读不倦，一有空闲的时间，便习字读经、写札记。

然而，老天却对吴长庆很是不公平，为国家立了大功不但得不到什么奖赏，还遭人猜忌甚至是陷害。

本来正在家丁忧守孝的李鸿章获悉朝鲜的事情之后，便中断了丁忧，回到了任上。他虽然嘴上对吴长庆在朝鲜的功绩表示“佩慰”，然而，却没有一点实际的行动，更没有一星半点的支持行为。

在这整个过程当中，张謇写出了非常重要的《壬午事略》和《善后六策》等政论文章。在这些重要的政论文章中，他以强烈的爱国之情坚决主张反击日本的侵犯，主张对日强硬。在这些文字中，他主张三道出师，趁机规复琉球，对朝鲜应摆出“废为郡县，或沿用周朝的例子，设置监国，或者是驻以重兵，对他们的海口进行守卫。或者是让朝鲜自己进行改变，朝廷帮助他们训练新兵，和清朝的东北三省连为一片，互相照应。如此之主张，不一定完全正确，但在当时是完全具有远见和积极意义的。当时对张謇的主张予以支持的差不多都是一些富有爱国心的主战将领和清流名士们，像左宗棠、彭玉麟、张之洞、张树声、夏以善、翁同龢、潘祖荫和宝竹坡等。

实际上，当幕僚也是很累的，特别是军队的幕僚。在张謇当军幕生活里，有很多具体军务杂事需要他处理，非常琐碎和繁忙。尤其是那份受到清朝朝野推崇的关于朝鲜时局的六点条陈，张謇为吴长庆分析得极其细致和周密，很是呕心沥血。在稍有闲暇的时候，他又拿起自己的书苦苦攻读。为了把字写好，张謇总是在蜡烛下一直写到夜很深。他趴在半高不高的小凳子上，说蹲不蹲，说坐不坐地挥毫练习，几帖字写下来，已是腿麻得不能站立。

但是张謇苦心写出来的这些政论佳文，在朝中占主流地位的主和派李鸿章那里却是很不屑，还不耐烦地说："真是多事!"李鸿章根本不予理会。

对此，张謇也有点无奈，只好寄希望于吴长庆，然而，吴长庆是斗不过朝中的当权派李鸿章的。在朝鲜立了大功的淮军不但没有得到朝廷的嘉奖赏赐，还遭到了蛮横的压制和打击。

光绪八年，也就是1882年的秋天，李鸿章派人到朝鲜对军队别有用心地进行改组，让庆军归属于马建忠，让吴长庆回到天津听候命令。

如此一来，搞得吴长庆及其属下很是愤怒，均大骂李鸿章是个不作为的狗官。因此并没有执行李鸿章的这项命令。张謇也是愤恨不已。

此时的张謇明白李鸿章是要整治吴长庆了，他也明白吴长庆不是李鸿章的对手，因为李鸿章是朝中的实权派。即便是和李鸿章斗下去，也不会有好的结果，力劝吴长庆就此向朝廷提出隐退，要求解职回京。

由于吴长庆在刚开始就违抗李鸿章的这项命令，肯定会导致同李鸿章关系的决裂，明显成对立之势。后来经过袁保龄、周馥等人从中说和，吴长庆才没有告退。

此时的李鸿章也想到自己此举不妥，人心难以平复，就又下令把吴长庆的庆军 6 营分为正副两个营，副营让吴兆有带领依旧在朝鲜驻守，吴长庆则带领正营回到奉天金州一带进行驻防。同时，让袁世凯留在朝鲜总理营务处，办理朝鲜的防务。

此时再说说袁世凯，自从平息朝鲜的叛乱之后，他很是得意，官场得意路途顺畅，从七品“中书科中书”的虚职，一跃升为五品的同知。此时的袁世凯只有 24 岁，正是风华正茂的时候。数月过后，朝鲜国王向大清朝提出希望大清朝派人帮助他们组建一个具有现代气息的新型军队。而李鸿章在接到朝鲜的信后，就将这项任务交给了吴长庆。吴长庆此时正器重袁世凯，便把这一重要任务交给了他。袁世凯得到这一任务心中自是高兴。他本来就不喜欢读书喜欢军事，这下可对了他的心事。他对于西方军事科学已经有些接触，在他对朝鲜的军队进行训练的时候，他以自己所熟悉的淮军训练方式为主，同时借鉴了一些英国的操练方法。他在当地招募了一千人，把他们分成左右两个营，给他们配备了新式的火枪和大炮等弹药装备，亲自对他们进行训练。训练了一个月之后，国王李熙便在春塘台进行了检阅，军队在袁世凯口令的指挥下，不管是出操队列，还是进行射击或格斗，都已经很像回事了，要知道，这些都原本是农民和自由职业者，从未受过什么训练，这么快就被袁世凯训练得像正规军了。这让朝鲜国王分外欢喜，对袁世凯也是赞佩不已，大大地夸赞了一番。然后又从自己原来的军队里调拨出五百人交给袁世凯，算是对袁世凯的奖赏。此后，李熙便想着袁世凯。过了些时日，再次检阅袁世凯训练的这支军队，而这支军队的素质很明显地又有了新的提高，这让国王李熙更是对袁世凯刮目相看，心想，这个袁世凯如此有才，若是为我所用该多好？于是便又想着加封袁世凯为整个朝鲜国的陆军大元帅。

对于朝鲜国王的这个想法，袁世凯当然是内心欢喜了，真是好运当头。此事传至北京，震动朝野，众百官都很羡慕和妒忌袁世凯。没想到，这个袁世凯在朝鲜竟会这么走运。于是举行朝议，众大臣议论纷纷。都说，我们大清军队出个军事人才不容易，怎么能轻易就把他送给朝鲜呢？绝对不可以。慈禧太后、皇帝也都是这样的意见，绝对不能让袁世凯当朝鲜的陆军大元帅。此事就交给北洋大臣李鸿章办理。

李鸿章办理这些事情有一套，他先是安抚朝鲜国王，说袁世凯才疏学浅，难堪大任，恐会误了朝鲜一国，有碍两国友好，等日后有合适人选定为贵国推荐。朝鲜国王只好作罢。然后李鸿章又回过头来安慰袁世凯，对袁世凯说："作为大清臣子，应忠于大清了，为国效力，不能贪图别国的富贵，你若留在大清，我一定会禀明朝廷重用于你。"

袁世凯是个十分聪明的人，他也知道他这个朝鲜陆军大元帅是当不成的，不如顺应朝廷的意思还能博得个好。于是对李鸿章又表了一番爱国之心，说誓死为大清效力，生为大清臣，死为大清鬼等等……

此后，袁世凯和李鸿章便有了心灵感应。其实，在袁世凯当初投奔吴长庆之前，首先是想投奔李鸿章的。早先他在京城读书的时候，李鸿章正当直隶总督，他总是对这位地位显赫的官员钦羡不已。在洋务派"练兵求强"思想的影响下，他喜好上了读兵书，并留心时事。经常与人谈军事，主张加强军事，有安内攘外之想法。当时袁保龄对袁世凯经常发的言论很是赞赏，禁不住说道：“袁家‘嗣武有人，亦可略慰’”。也就是说“袁家后继有人了，我也稍微感到欣慰。”

如此，在袁世凯科场失意之后，就把以往作的诗词文章全部填进火里烧掉了，本来不喜好读书学文的他更是彻底扭转了想法，要学李鸿章的淮军，他粗豪地说：“大丈夫应效命疆场，安内攘外，岂能龌龊久困笔砚间?”

他当时意欲投靠李鸿章，进入李鸿章的幕府成为他的幕僚。然而李鸿章的门第太高，幕府当中一般都是举人或进士，他袁世凯仔细想想便自惭形秽，自己只不过是一名小小的秀才而已。想来想去，只好作罢。最后只好去投奔了父亲的好友吴长庆。

如今和李鸿章有了交往，正遂了袁世凯当初的心愿。

张謇见庆军被割裂，心内甚灰，光绪九年，也就是1883年，回自己国内的老家去了。

不仅如此，朝廷上也有了不同声音。当时恭亲王被贬出军机，醇亲王秉政，因为他是德宗皇帝的亲生父亲，而朝鲜的大院君也是朝鲜国王的亲生父亲，刚好对景，对吴长庆在朝鲜的作为也不满意。他觉得大院君和自己一样身份如太上皇，便公然不忿地对人说：“吴长庆在朝鲜囚禁大院君是对朝鲜的不敬，是对朝鲜太上皇的非礼，真是太过胆大了!”

于是，他还力图为朝鲜的大院君翻案。如此，吴长庆的大功反而变成了有罪。这时候的李鸿章为显示自己的大度和不同凡俗，反而为吴长庆说话：“不管如何，吴长庆还是稳定了朝鲜的时局，防范了外患，是不应加罪的。”于是，便不再追究吴长庆。

## 南不拜张，北不拜李

张謇呕心沥血写出的一些政论文章虽然不得主和派李鸿章的重视，却受到了南派“清流”领袖潘祖荫和翁同龢的青睐，他们看了张謇的文章后，大为兴奋，翁同龢拿着张謇的那篇《善后六策》文章，连连称赞说：“想不到，这样年轻的一个人，竟有如此见识，人才呀，难得的人才！为什么几次科举都没有考中呢？我们大清吏治实在是太腐败了，真正的人才上不来！”潘祖荫也有同感。

翁同龢是光绪皇帝的老师，于政治上跟慈禧不和，拥护光绪掌权，正需有人充实阵营，此后，他就一心要把张謇这个人才给提拔上来。

光绪十年，也就是1884年，吴长庆被调回国内，在金州进行驻防。而张謇一心想着还要走科举之路，于是就离开了军队，回到他的老家去了。

其实，以张謇当时的名望，根本也不用走科举之路，仍然是能够连连升迁、跻身官场、仕途光明的。不说翁同龢一心想着要把他提拔上来，朝鲜国待他也不薄，想把他作为“宾师”留在朝鲜。即便是李鸿章不赞成张謇的政治主张，视他所跟从的吴长庆为敌，可却也非常的欣赏他的才学和能力，也想着有一天被自己所用，因此也乐意推荐他入朝为官。

然而，有骨气的张謇就是不愿走那样的路。作为当时的读书人，在他心中认为那都不是正经的出身，只有靠自己的能力参加科举考试而当官才是正经的出身。

与张謇关系不错，素来有师生之谊的袁世凯没有跟随吴长庆回来，而是留下来成为了庆军的首领之一。袁世凯本就是投机钻营之辈，有奶就是娘，今见吴长庆倒霉，反倒使自己得了便宜，他知道李鸿章是当今更为厉害的角色，跟着李鸿章胜似跟着吴长庆。于是，袁世凯就转而投靠了李鸿章，此后成了李鸿章的心腹干将。

张謇根本没想到袁世凯是这么一个人，闻讯后大为愤怒，痛斥袁世凯，说袁世凯是无情无义之辈。然而，袁世凯依旧是袁世凯，依旧是跟了李鸿章，背叛了当初扶持他的吴长庆。

张謇也很是后悔，当初不该把袁世凯这样的人推荐给吴长庆，只怪自己没眼力，看错了袁世凯。他在日记中写道：

是儿反侧能作贼，奈何！

此后，张謇和袁世凯便彻底断绝了交往，不再有任何关系。

而吴长庆由于心中郁闷，自身遭排挤，众叛亲离，回国后不久，就去世了。

吴长庆去世后，那些眼光很毒的权势人物就盯上了吴长庆手下的得力有能之士。当时的北洋大臣李鸿章和两广总督大才子张之洞同时都看上了张謇，争相对张謇予以礼聘，重金请张謇当自己的幕僚。当初李鸿章之所以不满张謇多事，主要是因为张树声的儿子张华奎自张謇那里誊抄张謇写的《朝鲜善后六策》后，于北京随意传播，以致让翁同龢、潘祖荫和宝廷等一些朝中重要的大员皆先后看到，宝廷还拿着这篇文章入内廷，慈禧太后也因此看到了这篇文章，于是就向军机处与总理衙门垂问，弄得李鸿章很有点措手不及，也觉得大为丢面子，心里也为了压制张树声与吴长庆这样的肉中刺，才故意说张謇的那篇文章是荒诞不经的。其实，对于张謇本人的才华，他是由衷赞赏的。张之洞刚开始的时候，并不知道李鸿章也想聘请张謇，因此就托李鸿章为自己办理此事。李鸿章也和张謇没有见过面，不是太熟，便又托他和张謇共同的熟人袁保龄（袁世凯的叔叔）去寻张謇。

张謇，本就对李鸿章没有什么好感，根本无意当他的幕僚，何况他还想着科考的事，就对袁保龄说："吴长庆大人新逝，在下心中悲痛，难以适应，现在也无心再充任别人的幕僚。"

张謇南不拜张，北也不拜李。坚决回到了通州（江苏省南通市辖区之一）自己的家中。

张謇忘不了吴长庆的旧恩，他是个十分重情重义的一个人。即便是他曾跟过的，对他有恩的孙云锦，他也从未忘怀过。

当初他虽然跟了吴长庆，入了军幕，然而并没有就此和孙云锦断了关系，依旧是经常书信来往。孙云锦回到江宁任知府时，张謇虽任吴长庆的军幕，然而，还是像往常一样对孙云锦的文案整理和书信等给予协助。1882 年初，孙云锦由于被猫儿山命案所牵，下了大狱，张謇忧心如焚，急忙前去探监，看望孙云锦。两人在狱中相见后，张謇泪水横流，说道："大人蒙冤，学生愿意生死相从！"

张謇对于这位真心提携自己的恩师是发自内心敬重的，在他的日记里曾记述了他初给孙云锦当幕僚时的情景，日记中写道：

> 海师来谈，谓为人必从有据做起乃成，此见道语也，敢不服膺。

可见当时张謇对孙云锦的尊敬之情。孙云锦在 1887 年奉朝廷之命去开封当知府，见张謇在家中，就又邀他也随同前往，以协助自己。此时，正是郑州黄河决口的时候，张謇按照孙云锦的命令，他和他的儿子孟平坐着船从开封来到中牟县看水势，回去之后写了一篇文章《郑州决口记》，一针见血地指出黄河大堤决口的主要原因是官员贪墨中饱，河堤很长时间不做修缮所导致。之后，又以“论河工”向那时的河南巡抚倪文蔚五次置信，阐述自己的看法。信内用词剀切，议论精辟，使巡抚倪文蔚看了大为欢喜，当然也很是重视。巡抚倪文蔚和孙云锦一样都是安徽名士，出身于进士，自然很是有文才。倪文蔚在同治六年，也就是1867年，被李鸿章派至淮军襄办营务，也是淮系的重要官员之一，和孙云锦关系甚好。他看了张謇给他的文章之后，就意欲请张謇给他当幕僚。此事他对好友加同乡的孙云锦说，然而，孙云锦不愿意。孙云锦说：“我们同乡，又是这么好的交情，如果有事，你也可以呼唤张謇去帮忙，不一样嘛！”

于是，倪文蔚便请张謇代写《疏塞大纲章程》。

在这个章程当中，张謇极力主张参考西方国家的办法，乘全河夺流，复禹故道。可是，那时候除了倪文蔚督办河工工程之外，还有其他大臣如李鸿章、李鹤年也在督办此事，如此，意见很难一致。张謇的文章虽好，却没有被采纳。此时的孙云锦，也以年老要求辞官回乡。张謇便和他同时各自返回到了自己的家乡。

张謇在1892年2月，获悉孙云锦死去的消息后，那真是肝肠寸断，哭得像泪人一样，孙云锦往日对自己的好一幕幕展现在眼前……他把这些真实的东西用饱蘸热泪的笔触写在他的祭文里。

……悯其未学召置门下，念其有亲而资分俸余。……不见吐弃于贤豪长者，而人间犹知有謇也其人于泥尘之底，谁之赐欤？呜呼公乎！……

接着，他又为孙云锦写了挽联：

师无疚乎亲民官，所见去思，旧政寻常皆治谱；我何为者报恩子，悲来横集，行年四十上公车。

写完了，又哭……

3

## 考取状元——为自己正名

### 终于中了状元

再说张謇。北洋大臣李鸿章、张树声与吴长庆三人联合上书推荐他入朝为官，他都以读书人的自尊觉得功名未就，坚辞不受，决心一定要凭借自己的努力考取功名。是年七月，张树声又一次延请张謇前去做官，他还是没有答应。

然而，他回去参加考试，还是没有考上，他真是灰心之至，难道自己一生就真的这么……

灰心的张謇在屡屡的失败中也在不停地思考，难道以自己的才学，就真的这么不容易考取吗？是自己不行，还是这种科举制度有问题？还是这个社会太过腐败了？

想着，想着，他就悟出来了，从此也真的再无意于功名。

原来，这年的二月份张謇来到北京参加会试，翁同龢曾专门关照同考官要认真仔细地校阅张謇的考卷，没想到，被他们搞错了，待拆封的时候方晓得取的是常州的刘可毅的考卷。张謇的考卷，被第三房同考官冯金鉴不小心斥落，翁同龢很为这件事自责，怪自己办事思虑不周。

五月二十五日，张謇三十九岁生日，他这个生日是在北京度过的。大考落第，心中尤其感伤，禁不住自叹："学业未成，科名辄阻，负惭引痛，无可言者。"

以张謇的才学而不中，当然会引起当时一些有识之士的同情。当时的工部尚书、帝师翁同龢和一些重要的大臣都要留张謇管国子监南学，而张謇心中自感惭愧，说什么也不肯。

当时也有好朋友中肯地劝他："不是在下不看好你，如今你已经将近四十，早已不再年轻，即便是以后再考，你能确保一定考中吗？你还能有几次机会？现在朝中大人们留你，这是多好的事呀，你就答应了吧！"

然而，张謇依旧归去。

这一次没有考中，依常规，需等四年之后了。然而，过了两年，也就是1894年，刚好碰上慈禧太后六十大寿，要加一次开科取士，即"恩科"。

有此"恩科"，当然天下的举子人人欢欣，都跃跃欲试，想要在此次科举当中夺魁。然而，此时的张謇说什么也不愿再考了，任谁说也不行。要知道，这一年，他都四十一岁了！不过，他的老父亲还是壮志未已，依旧对这个儿子的科举抱有希望，此时在江西做官的张謇的三哥张詧也来信催促，要弟弟去应试。信是写给他的父亲张彭年的。张彭年一看，见儿子还没有应试之心，心里就更是着急了，于是就对张謇说：“为父知道你心中的苦，走科举之路这么多年，屡屡不第。可为父自你小时就寄希望于你，设法为你铺路让你去参加科举。为父活了这么大年纪了，还心存希望，难道你就真的死心了吗？你要为父带着遗憾进棺材吗？”

说到这里，张謇若再不去应考，也就真是不孝了，他又一次流泪了，他跪在老父的床前泣不成声……

虽然，张謇不再抱能够考中的希望，但还是答应父亲去应考。然而，就在这次，他却真的是考中了，并且还不是一般的考中，而是头名状元！

这一次考试，翁同龢决计一定要亲自全程地关注张謇，一定要让张謇过这一关不可，像张謇这等人才不能考中，那天下的举子哪一个还配考中呢？

张謇在二月的礼部会试里考取的是第六十名的贡士，三月份的礼部复试时中的是一等第十名，起初定的是第十一名，翁同龢给他改成了第十名。在四月殿试之时，翁同龢害怕“誊录”的时候再把考卷弄错，又令收卷官坐着等待张謇交卷，之后直接送至自己手中。翁同龢匆匆评阅之后，很是赞赏，立即提笔批了几个大字：

文气甚老，字亦雅，非常手也！

翁同龢此次为了把张謇提拔上来，真是煞费苦心，不遗余力，他还做了别的阅卷大臣的思想工作。二十二日殿试，考试选取河渠、经籍、选举、盐铁等项专题。张謇在官场混迹多年，实践经验非其他举子无人可比，他引经据典，论述透辟，文辞古朴畅达，成绩显得非常突出。这些主考官们通过一番评论，最后皆都同意翁同龢之意见，把张謇列作第一名进士。在向光绪皇帝引见之时，翁同龢专门介绍说："张謇，江南名士，并且还是个孝子！"

光绪皇帝看了张謇的考卷之后，也极为欣赏，听老师之言，便将张謇御定为第一甲第一名的状元。

太和殿二十五日举行传胪仪式，张謇、尹铭绶和郑沅三于庄严肃穆又很是喜庆的鼓乐声里朝见光绪皇帝。

按照清廷的习惯，光绪皇帝封新科状元张謇作翰林院修撰，官居六品。

考了二十多年，终于考中了状元的张謇，在他中状元之后，并没有什么喜悦之情。对于科举他真是感慨万千，也不觉得中了状元有什么了不起。后来一些过去的同窗好友为他在南通修建了一个亭子，把这个亭子命名为"果然亭"，意思也就是说，他们的同窗好友张謇，聪明颖悟，平时刻苦努力，终于获取了应当得到的状元。然而，张謇并不这样看。在再次修此亭的时候，就把亭子的名字给改了，叫做："适然亭。"还亲自下笔提一联：

世间科举与风汉，槛外云山是故人。

表现出他对于科举的淡然之情。张謇始终是爱国的，随着国事的日非，激起了他强烈的爱国热情，中年的他从仕途科举之路转向了为国求富求强的实业救国的道路。

## 个人和民族的命运

张謇中了状元，也终于为他自己、为他们家出了一口气。一个过去被朝廷定为冷籍的家庭出了一个状元公，这说明了什么？张謇和他们的家人要的就是出这口气。如今这口气出出来了，心里也就彻底舒坦了。虽然中了状元后的张謇对中状元本身已经很是淡然，然而，他依旧是舒坦的。

这时候他的回乡可谓是真正的“衣锦还乡”了。以前的当官，做大官的幕僚，在他的心中和乡亲们的心目中都不是真正的当官，不是以正经的途径当官，而如今自是不同了。

听说张謇得了状元并被皇帝封了官回来，人们扶老携幼都出来夹道欢迎，家里人也真是扬眉吐气了，感觉天是那么的蓝，树是那么的绿，人情也都是那么的淳朴美好。张謇对此也是感谢之情无以言说，不住地作揖道谢。乡亲们都不敢再像先前一样，叫他的名字，或称他什么了，全都改口称呼他为“张状元”、“张大人”、“张殿撰”、“张老爷”，他觉得浑身上下很是不自在，自己得了这状元，反倒和乡亲们疏远了，隔了一层。他便极为诚恳地对乡亲们说：“乡亲们千万别这么叫，我从来都是和大家一样的，这样一叫，反而疏远了，好像和大家不是一回事了一样。我无论中什么状元，我们也是乡亲，这是永远也改变不了的。何况得个状元也没什么大不了的，我奋斗了大半生，为了这个状元，如今看来，真有些不值。”

此后，乡亲们都不再叫“张状元”、“张大人”、“张殿撰”、“张老爷”，当然也叫不出他原来的称呼，便另换了个叫法，他在家里排行老四，于是都叫他为“张四先生”。

张四先生治家很严，绝对不允许家人因自己中了状元而生出骄傲情绪，更不允许他们干出横行不法危害乡里的事情。

他总是非常关注自己大哥的两个儿子念祖和承祖，他长期没有生孩子，曾有过将这两个侄子当中的一个过继给自己的想法。可是这两个侄子都不是成器的孩子。他们见自己的亲叔叔如今中了状元，便觉得很是了不起，仿佛是他们本人做了大官似的，美得整日在街上闲逛，吃喝嫖赌，什么正经事也不干。张謇见了这两个不成器的侄子就很是生气，屡次叫过来训斥，令他们改过：“叔叔我如今当了状元没有什么了不起，还是很平常的人，你们要好好做人、做事，不要胡思乱想，不务正业……”

然而，两个侄子对于叔叔的责骂训斥根本听不进去，反认为叔叔太正经，正经得有点傻，他那么吃苦受罪中个状元干啥？既然中了状元还不好好地吃喝玩乐享受？

于是，这两个侄子依旧原样，没丝毫的长进。张謇遂也不再作过继之想。不过，两个侄子也不在乎，认为叔叔还是叔叔，打断了骨头连着筋，过继不过继又有什么要紧呢？

念祖为非作歹，深为乡里所恶，他竟然在大年初一大闹敦裕堂宅，张謇闻讯大怒，当即写信给海门知县，要他将这个不成器的侄子押送到海门习艺所管教改造。念祖被押送走后，张謇对他的两个小孩子甚为关照，亲自安排他们入学，他的一个女儿暂时由承祖领回去代养。

可是这个承祖也不堪用，没过多久，也出事了。他在家乡为非作歹还不算，还跑到崇明县大闹县衙。知县因为张謇而对他一时毫无办法，但是知县清楚张謇的为人，在事后便将此事告知了张謇。张謇听后，先是向这个知县表示歉意，说都是他管教不严之错，然后明确地对这个知县说，要对这个“不赦之徒”进行严办，以律治罪，绝对不能姑息。

张謇严惩二侄的事很快传了出去，他的威望一下子提高了很多，人们奔走相告，没有不称颂他的。周围的人也由此不敢再胡作非为，凡有纠纷，只要有张四先生一句话，没有不听从的。

然而，那时候的时局真不是什么好时局，张謇在未中状元以前就忧国忧民，以天下为已任，如今中了状元，更是把自己和整个国家紧密地联系在一起了。

4

## 甲午危机——张状元弹劾李鸿章

张謇中了状元，刚舒坦了几天，就被国家的命运给紧紧地攫住了。就在这一年 6 月，爆发了中日甲午战争。

自从日本在 1868 年施行了明治维新后，资本主义便开始高速发展，这与封建残余经济及天皇制的国家机器相结合，对外非常具有侵略性。明治天皇于 1869 年颁布“御笔信”，飞扬跋扈地声称要“开拓万里波涛”，狂妄地宣布要“国威于四方”。而他们的第一个开拓的目标就是他们的邻国——朝鲜和中国。

1894 年，本来就被日本虎视的朝鲜发生了东学党起义，这便给了日本一个很好的机会。他们马上命令大批的军队侵入朝鲜，想要一口吞掉清朝按约常驻朝鲜的一千五百名的军队。如此，眼看就要爆发一场战争。中国国内的人民没有不紧张的。然而，中国清朝统治者太过腐败了，在此种局势之下，他们还依然是醉生梦死。老佛爷慈禧像没事一样，还一心要保持虚假的和平样子，在甲午之年鼓乐喧天，敲敲打打大庆她的六十寿诞。想以此来向国内之人彰显威风，从而牢牢把持朝廷大权。慈禧为了自己快活，无视朝中大臣的反对，挪用海军军费五百万两白银修建颐和园。

跟日本的交涉方面，慈禧和李鸿章狼狈为奸，一再卖国妥协，怯战求和。常挂在他们嘴边的一句话就是："每有一次构衅，必多一次吃亏！"在此心理支配下，他们勒令自己的军队必须要静守勿动。他们总是一厢情愿地认为："我不先与他们开战，想他们也不会动手！"

真是懦弱者的生存心理！然而，当时日本国的目的是要侵略中国，哪管你这些？若论理的话，他们也就不会做出以上的行为。你越是表现得胆怯，他越是强悍，越是要侵略你。因此，更加紧了各种军事部署，接连地制造摩擦，进行挑衅。

这一年的7月25日，日本军队对中国军队不宣而战，于丰岛海面及朝鲜的牙山，同时朝中国军队开火，发起攻击。

## 被迫抗战

当时的大清朝廷分作两大派，即主战派和主和派。光绪皇帝是一位很想有所作为的皇帝，他和他的老师翁同龢等一些官员，主张和侵略者日本人开战；而以慈禧太后和李鸿章为首的一些官员则力主和谈，他们认为只有和才能生存。两派之间的斗争很是激烈。而当时的情况是，光绪虽贵为皇帝，却没有实权，真正的实权都操纵在慈禧太后的手中。光绪皇帝身边都是一些正直的、希望通过改革能够富强中华的有志之士，而慈禧太后身边，追随奉承巴结的都是一些心地阴险、狡猾多端、掌有实权的奸佞之辈。

张謇是力主抗战的，自然属于光绪和翁同龢一派。

主战派忧国忧民，心急火燎；主和派心思泰然，浮华享受。主和派握有实权，自然对于主战派来说具有压倒性优势，主战派在他们面前只是努力抗争而已。而慈禧太后老谋深算，心狠手辣，又媚外欺内，主战派处境艰难，很难有所作为。

张謇和翁同龢他们一些人整日在一起计议，如何对付这个危局。可以说，张謇一辈子都是在抗争和奋斗中度过的，前期是为了洗家耻而努力进行科举，科举好不容易成功后，又开始把自己的整个身心投入到挽救民族的命运中来。

看着日本侵略者气焰一天比一天嚣张，张謇义愤填膺，胸中涌动着一股气。他预感到煌煌大中华将会遭到被瓜分的危险，他积极宣传抗战，经常在翰林院里慷慨陈词。当时他提到最多的一个句话就是："士苟以洗国耻，觉民智为心！"

他的老师翁同龢也正是军机大臣，张謇在朝廷上更是多依赖于他，希望他能为抗战多多出力，挽救民族命运。

事情如此紧急，朝廷还好像是无事一样，迟迟难以做出决定。急得张謇每见恩师翁同龢都是声泪俱下。他极力劝说翁同龢要请皇帝及早做出决定，直陈光绪，赶紧开战。

翁同龢被他的情绪所感染，更加坚定了志向，不断地同皇帝商量此事，坚决主张对日做出强硬的还击。光绪皇帝也同意他们的看法，然而，光绪皇帝上头还有个慈禧老佛爷！他必须要老佛爷点头才能动用军队，还击日本。

光绪皇帝也在不断地与慈禧太后陈说此事。一些正直有识的大臣也纷纷上书慈禧太后，陈述利害，力主对日还击。

在日本人不宣而战的炮火下，中国人民真是群情激愤，不主张还击的慈禧太后，也不得不答应抗战，将翁同龢起用为军机大臣，于这年的八月，正式宣布对日作战。

## 接连失利

清政府宣布对日作战后，张謇积极支持翁同龢的主战抗日政策。他利用在朝鲜跟日本侵略者直接对抗的经验，极力为帝党献计献策。就在这一年的 6 月到 9 月期间，他和翁同龢的来往书信最多，深入地讨论中日战争对策。

然而，当权派是迫于无奈才宣布抗战的，也可以说是消极抗战，凡事并不积极支持，如此，这个抗战也就很难顺利进行。面对强大的日本帝国主义，当权派总是想着投降，战争的成功与否可以想见。

两国兵戎相见，刀枪相向，战火连天，有信心者，底气足者自然强，而无后援力量的中国军队自然显得弱，打一阵子就会感觉力不从心，遇事不顺，调度不灵，军备不足，捉襟见肘。平壤之战、黄海海战节节失败。李鸿章这个掌管重军的大臣根本无心抗战，为了保存自己的实力，他对于国家兴亡，不管不顾，在敌人发起攻击之时，急慌慌命令自己的北洋舰队藏在威海卫港里，绝对不允许出大洋抗战。他还对陆军下命令：“可守则守，不可则退！”如此，怎么能打胜仗？

李鸿章这个军事主帅，公然命令自己的军队自撤藩篱，把祖国的大好河山拱手让给日本帝国主义，这当然更让全国人民激愤异常，恨不能吃了李鸿章的肉。然而，又有什么办法呢？他是北洋大臣，慈禧太后老佛爷跟前的大红人！

在学者们聚集的翰林院内，学者们都叫翻了天，个个眼珠子瞪出了血，牙齿都咬碎了，齐声大骂李鸿章这个误国的大奸贼。他们三十五名翰林联合写了一道弹劾的奏折，递送皇帝，要求将李鸿章这个卖国贼以误国罪论处。其中，张謇是他们的主要畅导者，声音最为响亮。

然而，李鸿章岂是他们几个没有实权的翰林能够轻易斗倒的吗？当时的李鸿章可是权倾整个朝野的北洋大臣！谁能够斗得过他？即便是光绪也是拿他没办法的。他的后台是慈禧老佛爷，他当时在朝野中的影响力，可以用一句话来概括，那就是“炙手可热，顺之则昌，逆之则亡！”那时候的官场流行着一句话：“想当官不可得罪李鸿章，想当大官更不可得罪李鸿章。”这些翰林们怎么能撼得动这样一个李鸿章呢？即便是张謇中了状元又怎么样？也不过是一个小小的六品编撰而已，还是在李鸿章的手里掌握着。

从以往的惯例看，像张謇这样的六品官，正是应当对李鸿章脐门求荣，努力巴结的时候，有谁会跟他李鸿章作对呢？没想到，张謇却领着一帮翰林大张旗鼓地弹劾他。在这非常的时候，不光是张謇不顾自己的前途和命运，很多人都不顾了，这是翰林院三十五名翰林集体上告呀！

不仅如此，张謇回到自己的住处之后，心里还是难以平静，便又马上根据自己的感受，加上还有些爱国心有一丝正义感的刚从朝鲜回来的袁世凯带回来的最新材料，一个人写了一本《呈劾大学士李鸿章》的奏折，准备呈给光绪皇帝。

张謇的这本奏折自光绪帝八年李鸿章对朝鲜问题的处理造成的不良后果入手，一桩桩，一件件，将李鸿章的种种无法宽恕的罪状都列了出来。张謇一针见血地指斥道：

> 直隶总督李鸿章，自任北洋大臣以来，凡遇外洋侵侮中国之事，无一不坚持和议。天下之人，以是集其诟病，以为李鸿章主和误国。而窃综其前后心迹观之，则二十年来败坏和局者，李鸿章一人而已。

他用详尽的实例，毫不留情地揭露了李鸿章这个奸臣的卖国行为，戳破了他卑鄙可耻的嘴脸。他在奏折里激愤地写道：

> 试问以四朝之元老，筹三省之海防：统胜兵精卒五十营，设机厂、学堂六七处，历时二十年之久，用财数千万之多，一旦有事……曾无一端立于可战之地，以善可和之局。稍有人理，能无痛心！

张謇在这本奏疏里再次强烈请求朝廷将“非特败战，并且败和”的李鸿章革职查办，按照国法军法论处！

## 父亡奔丧动真念

张謇弹劾李鸿章的《呈劾大学士李鸿章》奏折，成为了一篇声讨北洋大臣李鸿章的檄文，深深触及了李鸿章的要害，抒发了人们对于求和派的强烈愤怒，使李鸿章的用心更大白于天下，甚至要使他臭名昭著，人人都晓得了他是个什么样的人。对于李鸿章更为主要的是，拔去三眼花翎，摘去黄马褂，从此后，他在政治上也开始走滑坡路，日子一天比一天难过。谁会愿意死死地跟着一个人人都知道的、大势已去的人呢？那是自寻死路，这就使李鸿章无法得意了……

而具有大无畏精神的张謇呢？虽然人人都为他捏着一把汗，然而，都打心眼里敬佩他，觉得他实在是一位大英雄，不亚于在战场上奋勇杀敌的大英雄。

然而，李鸿章虽然被削职被贬官，慈禧太后依然看重于他。他还是大权在握，依旧是作威作福，操持着朝廷大权，国家的命运也还在他的影响之下。张謇心里很是难受，感觉到自己力量的渺小，深觉官场的腐败。在九仞宫墙之内，并不是他张謇的用武之地，金榜题名，也不过是空负凌云志，与其当个三品四品无为的官，还不如做一些对国家与社会有用之事。

其实，慈禧太后也一向是欣赏张謇的才华的。有一次，雪后天晴，张謇和一班文臣陪着慈禧老佛爷在后宫花园内一边赏雪，一边谈话。慈禧老佛爷看见缸口上有一圈残雪未化，忽然心一动，便出了一个上联：

雪落缸口，天赐一条玉带。

张謇马上对道：

虹出海外，地涌半副金杯。

慈禧听了很是兴奋，此联对得真是太好太巧妙了，上联是由小至大，下联是由大至小，身边的大臣们也极力赞好，见老佛爷高兴，叫好声更是喊得高了。说："此联只有状元公才能对得出来呀!”

……

然而，有一次，张謇和众多的文武官员迎接慈禧老佛爷从颐和园回宫。那一天，刚赶上天气变化，突然就下起了大雨。那雨真是大，就像是有人用盆从天下往倒一样。下得让人心颤，感觉天是快要塌了一般。地上一片汪洋，足有一尺来深了，本是盛夏季节，却让人身上冷得发抖。然而，由于朝廷的制度，等级的森严，那一天，就连七八十岁的老臣也还是跪在冰凉的水里迎接慈禧的凤驾。大雨自老臣的帽子边上的红缨子上泻下来，不单是官服被染红了，就连身子周围的泥水也弄成了殷红殷红的一大片。很是让人忧心，这些大臣们在这雨水中是否会死去。

这时候，慈禧老佛爷的凤驾到了，凤驾摆得依旧很长，不减平时威武之气，让人生畏，队伍如入无人之境，吆吆喝喝地走过来，大臣们把头叩得更低了，也更显得慈禧的高大……从而也显得更是冷酷无情。

这件事，对于张謇感触很深，很受刺激。当官的在皇室面前也真如奴才一样，简直就不是人，甚至连一条虫都不如。这使他刚中了状元，就有了些厌倦之意。

此事过后没多长时间，通州老家突然发来急电说，他的父亲病了，很是严重，年纪大了，恐怕是很难熬过这一关。张謇得知这一消息，顿时泪水横流，自己可是没伺候老父几天，难道老父这就要过世了吗？他既心伤又心急地连忙向朝廷告假，要回乡探父。他从天津坐上轮船经上海，下南通……他的心里急呀……几天时间，喉咙也哑了，嘴唇也裂了，舌头也干了，眼睛也红了，简直没了人样。

可是，他还是没有赶上。待他回至老家的时候，他的老父亲张彭年已经故去两天了，只待他回去殡葬。

老父亲直条条地躺在那里，再也不会说话了，再也不能动弹了，已经远去，此后张謇再也不能和他的老父亲对话了……张謇一进家门，就扑倒在了他的老父亲遗体前，哭声撕心裂肺，惊天动地，使在场的人无不大放悲声，陪着他哭泣。子侄们怕他出事，忙上去护持于他。

张謇那个痛，为了当官，连老父去世自己都不在跟前，真是遗恨百年！这算什么呢？是做儿子的不孝吗？他哭了又哭……

父亲的去世，对他影响很大，感觉心里空落，可谓是国破父亡……

张謇触景生情，思想自己中状元在京城里那些事情，很是郁闷，逐渐就懒得再回京城了，他觉得自己在京城里也做不出什么事情，眼看着自己的国家被人蹂躏，自己却徒有力而无法施展，不如在家乡，守着自己的乡亲们。这块生他养他的土地，牵着他的生命线，最重要的是这块土里埋葬着他的亲生父母……

# 5

# 不甘亡国——张謇的政治变革

## 改良思想的滋生

根据以往的习惯，张謇丁忧是需要三年时间的，因此他回乡之后这一段时间，过了一段较为清静的生活，没有了官场上的纷纷扰扰，争争斗斗，也使他能够更为冷静地对一切进行思考……

就在张謇丁忧的第二年 4 月，甲午战争失败后的中国清朝政府命李鸿章全权代表赴日签订了不平等的卖国条约，即《马关条约》。《马关条约》割地赔款，日本帝国主义的侵华势力更进一步地深入到了中华的内部，国内的汉奸卖国贼和外国的入侵者更加紧密地相勾结，让中华主权更进一步地丧失。也使国人更加抬不起头，甚是悲哀，仿佛中国从此不存在了似的。张謇在家听说已经签订了条约这件事后，一段时间内真是心如死灰，好长时间说不出一句话。张謇在日记中悲愤地写道：

> 和约十款，几罄中国之膏血，国体之得失无论矣。反思起朝堂上种种，徒为口舌之争，不能死敌，不能除奸，负父之命而窃君禄，罪尤无可逭也。

他对那个官场也彻底失去了信心，不再想着仕进。他在后来有所记述：

> 既成进士而父见背，不及视含殓，茹为大痛，国事亦大坠落，遂一意斩断仕进！（张謇《张謇全集》）

中国为什么会变得如此贫弱呢，为什么会打不过一个小小的日本？耻辱呀，耻辱！

人们都在悲戚、叹息，有识之士在叹息之余也在开动脑筋快速地思考着。像张謇这样的人，更是日夜睡不着觉了。这辈子他是注定要洗完家耻，洗国耻。

小小的日本都打不过，不就是日本曾发生过明治维新吗？那么为什么不能在中国也来一个明治维新呢？

当时中国最进步最有知识的爱国人士都想到了这个问题，何不在中国也来个明治维新？

自从 19 世纪 70 年代开始，中国的民族资本主义已经开始产生与发展，民族资产阶级的力量也慢慢成长与壮大起来，对不适应资本主义发展的封建上层建筑进行改良，成了他们的迫切要求，也是时代的必然要求。对外国入侵的抵抗、对不平等条约的反对成了中华民族的强烈愿望。于此特殊情形下，中国国内的改良主义思想非常盛行，那些进步的知识分子们都崇尚和力主改良，希望依照西方资本主义国家的政治经济制度来对中国社会进行改良。

张謇从小经历过那么多事，从冒籍到屡考不中，从当幕僚到入朝鲜帮助平叛巩固边防，再到中状元，一路走来，那真是酸甜苦辣什么滋味都经过了，他又是爱思想之人，当然是对这个社会对这个时代感慨良多。在这些过程当中，他与很多的人交接，特别是那些进步的大知识分子们，西方哲学思想的影响对他来说，自然就比较大，比较深刻。西方科学技术的发展尤其使张謇关注，也让他原本受封建主义熏陶的世界观融合了不少资本主义的东西，也终于令他打破了封建士大夫思想的禁锢，迫切地希望社会改良……

## 公车上书

就在张謇为父丁忧的时候，那一年是1895年春，也正是会试大比之年，全国的应试举子们都纷纷赶往京城。这些举子们在京城里考完，等待放榜，突然传来了《马关条约》的消息，并很快得知了不平等的《马关条约》的具体内容，中国把台湾及辽东割让给日本，并赔款白银2亿两，都极为震惊，许多人当场就抱着头蹲在地上放声大哭起来。特别是台湾和辽东来的举子们哭声更是惨烈，其声之悲，震撼千古。对于李鸿章的激愤之情难以诉说，对于整个朝廷也有了许多看法。感觉奸臣当政，实在误国。

康有为是他们当中的佼佼者，也是一代名士，感情也最为激愤，他当场大声斥责卖国之条约。他们聚集在达智桥的松筠庵内，讨论上书请愿，大家公推康有为为首领。康有为一个晚上写就了一封万言书——《康有为上皇帝第二书》，他们也都知道光绪皇帝是个好皇帝，是个一心想有所作为的皇帝。他们在《上皇帝书》中痛谏割地赔款之丧权辱国，恳请皇帝下诏以鼓天下之气，练兵以强天下之势，变法以成天下之治。向全国推行"富国"、"养民"、"教民"的政策。实行"议郎制"。此书向光绪皇帝提出了资产阶级改良主义的政治纲领，开始上演一场"戊戌变法"的历史悲壮剧。

康有为和他的学生梁启超带领着天下赶考的举子们，还有一些爱国的市民们于5月22日齐集都察院门首，请为代奏。

然而，都察院拒不接受，这让人们更是激愤。再次请为代奏，依然如此。

这件事声势浩大，举国震动，《上皇帝书》内容也广为流传。这事当然也引起了大清朝廷的关注，慈禧太后大为震怒，光绪皇帝也是高度重视。他看到康有为的万言书后，认真御览，其语句字字如磐石，砸在他的心上，连夜召他的老师翁同龢商议。

然而，在慈禧太后的高压之下，光绪皇帝当时没有做出什么举动，他对李鸿章也毫无办法。虽然光绪帝于1887年十七岁的时候就已经在名义上亲政了，然而实权却依旧被慈禧老佛爷操纵着……

康有为和梁启超的改良思想像火种一样，很快燃向神州大地。自1895年夏天开始，他们便积极地组织学会、创办报纸和开办学堂，给改良的运动制造影响和培养骨干力量。在康有为和他的学生梁启超的努力奔走之下，终于说动了翰林院的侍读学士文廷式出面组织了强学会。这个会是维新改良派创立的第一个政治团体，每十日组织一次集会活动，每一次皆有学者上场演说中国自强的学说。

1895 年 11 月，他们在上海创办了强学分会，然而，这个分会遭到了当地守旧的官僚封建势力的强烈反对和攻击，时间不长，就被官府给查封了。

这时候的张謇还在家中丁忧，听到这些消息，一方面为康有为、梁启超他们鼓劲，一方面又为他们担心。多年的经历告诉他，他们的维新改良运动很难成功。中国的官场太腐败了，完全依靠官场改良的路径是很不容易走通的。

## 大清朝终于开始正式变法

那时候，康有为他们的改良运动也真是声势浩大，中国绝大部分的进步知识分子都对他们的改良抱有热切的希望，并且有许多人投入进去。

黄遵宪和汪康年于 1896 年在上海创办了《时务报》，邀请梁启超任主笔。严复在次年的 10 月于天津创办了《国闻报》。这两家报纸同时向封建守旧势力开炮，对西方的资产阶级社会政治学说进行宣扬，提倡民权，主张实行君主立宪制，积极有力地推动维新运动的发展。

梁启超、谭嗣同、唐才常、黄遵宪等人于 1897 年来到湖南，取得了湖南巡抚陈宝箴的大力支持，创办了《湘学新报》，后改名为《湘学报》，开办了时务学堂，组织了南学会，令维新运动在湖南得以很好的发展。

看当时的资料统计，这些报馆、时务学会和学堂等在 1895 年到 1897 年间全国共创办了 300 多家。有 30 多种此类报刊出版，可见康有为和梁启超他们的维新改良有相当好的群众基础。

由康有为和梁启超亲自创办的强学会最负盛名，还得到了光绪皇帝的老师翁同龢与南洋大臣张之洞等一些有识的大官僚的支持，也由此有了戊戌变法的基础。

1897 年的岁末，山东曹州德意志帝国有两个传教士被抢劫天主教堂的大刀会杀死，德意志便寻衅侵占了中国的胶州湾，也就是现在的青岛。与此同时，俄国也把旅顺和大连抢占了去；法国也把广州湾，也就是现在广东的湛江给占了；英国把山东威海给占了。自从中国甲午战争败给日本后，列强就又一次盯上了中国，把中国看成了摆在他们案板上的鱼肉，想要瓜分蚕食这个古老的大国。如此，让我们的民族危机更为空前，要变法的声浪更加的高了，也让沉睡了很久的中国人更进一步地惊醒了。

康有为急急自广东赶去北京向皇帝上书，向皇帝谏言应马上进行变法。

此时的光绪皇帝心里也急，他整日坐卧不宁，看了康有为的上书之后，于 1898 年 1 月召见了康有为，希望他能够提出有效的策略计划。

光绪皇帝与翁同龢师生认为，中国的确需要改良，天下举子之爱国心令人钦佩，同时，光绪皇帝对康有为和梁启超等大加赞赏，于是，召见康有为。康有为进宫觐见光绪皇帝，又向光绪皇帝上《应诏统筹全局折》，请光绪帝对日本的明治维新予以仿效，全面进行变法。康有为在光绪皇帝面前慷慨陈词，披肝沥胆，爱国之心可昭日月。光绪皇帝听了，也心悦诚服，不住地点头称是。翁同龢也手捋胡须不住地微笑点头。

此后，康有为和梁启超在北京又创办了以“保国、保种、保教”为宗旨的保国会，同时，又先后成立了保滇会、保川会、保浙会……士大夫们时常聚集在一起，谈论时局，都在要求变法，使变法大气候一天比一天浓厚。有了这样的铺垫，康有为也趁此气候赶紧鼓动有变法思想的官员们给皇帝上书，要皇帝马上进行变法。

光绪皇帝和帝师翁同龢研究决定起用二人进行变法。光绪皇帝害怕慈禧老佛爷不同意，从中阻挠，那他们将会什么也做不成，于是他就找老佛爷，反复地讲说：“亲爸爸，我们大清国要图强，不受外国列强欺负，就只有变法一条路可走，还望亲爸爸认真考虑！”

慈禧当然是不同意，总说：“老祖宗几百年定下的老规矩，是那么容易就能更改的？”

最后架不住光绪反复地求她，再加上外边形势所迫，上上下下都呼吁变法，难道就她慈禧一个人老顽固？就她一个人阻挡大清国图强的道路？于是不得不勉强同意了变法，说：“变法本来也是素志，同治初年，便曾召曾国藩来议，命人出国留洋，前去学习，造船制械，希望让我们大清国富强起来。如果此次变法真能让我们大清国富强起来，这是最好不过的事，也是我最希望看到的，你如今已经亲政，就自己看着办吧，我不会对你有所辖制的。”

光绪皇帝得到慈禧的允许之后，于 1898 年 6 月 11 日，向天下颁布《明定国是》诏书，表明变法之决心。此后，大清国就开始了由朝廷正式实行的维新图强。

光绪皇帝又正式召见此次变法的思想家康有为，封他当了京章上行走，同时命谭嗣同、杨锐、林旭和刘光第等一些人对维新予以协助。

他们的新政主要内容是整治吏治、废冗员、废八股、办学堂、练新军、满汉平等等。其内容涵盖了教育和军事等许多方面的政策与体制，目的就是要推行君主立宪制。

光绪皇帝对此次维新变法充满了信心，期望经此变法之后，大清国会从此强大起来，不再受帝国主义列强的欺压，从而也使自己的江山稳固。他很是信任康有为和梁启超等。

康有为等也完全信任和依赖光绪皇帝，康有为向光绪皇帝进献了自己编著的《日本变政考》、《俄罗斯大彼得变政记》，并且还向光绪皇帝进献了李提摩太的《泰西新史揽要》，以及别的国家有关变革的书籍。光绪皇帝见了这些书大为高兴，如获至宝，对康有为也大加奖赏。

君臣上下都踌躇满志，意欲要干一番大事业，全国人民也对此充满了希望。慈禧太后那些守旧的封建势力，也在时刻关注着。

## 定盘星袁世凯

光绪皇帝平时很怕慈禧老佛爷，可他又一心要变法图强，如今得了慈禧的允许，自是大喜过望，急着要变法。由于心里过于急切，步骤迈得不免过大，考虑不周，再说变法的内容本来就会触及到许多人的利益，特别是那些守旧的封建势力，而这些势力往往都是慈禧那一派的，也就是嚣张的当权派，因此，变法一开始，便遭到了许多人的反对和抵制，尤其是北洋大臣直隶总督荣禄，反对得尤其激烈。

而对于这些反对变法的顽固守旧势力，一心要变法图强的光绪皇帝很是反感，处置起来也是毫不容情。光绪皇帝罢黜了一些顽固守旧的大臣，提拔了一些维新的先进分子，一时“欢声雷动”，维新运动达到高潮，如此也使得那些反对之声更是响亮了。他们仗着有慈禧太后在背后撑腰，皇帝他们也不怕，敢于和皇帝硬碰硬。像荣禄这些极有身份的大臣就直接告到了慈禧那里。变法触及到了这些人的利益，当然也触及到了慈禧本人的利益，心里本来就不看好此次变法的慈禧，心中更是不满了，说：“让他们搞变法维新，没想到却如此搞法，皇帝也真是，难道就只听那班只会读书的书生们的吗？要把大清天下搞乱了，真是搞乱了，我早就说过，祖宗之法是不可动摇的，一动就会乱的!”

于是，慈禧太后开始出来干涉维新变法，不让光绪皇帝再进行下去了。

如此一来，光绪皇帝维新派如何会善罢甘休，难道变法就这么夭折了吗？光绪是不愿意放弃的，翁同龢、康有为、梁启超他们更是不会放弃的，于是怂恿皇帝向慈禧夺权，皇帝没有权力如何能够使变法顺利进行呢？遇到个坎儿便停滞不前了，如何前行？如此更谈不上成功了。

是年的 9 月 16 日，光绪皇帝召见统率八九万北洋新军的直隶按察使袁世凯，加封他为侍郎候补。

再说一下这袁世凯，自从 1895 年回国之后，他就开始练兵于天津跟塘沽之间的小站。军务处大臣荣禄、李鸿章等奏派袁世凯扩练定武军，更名为“新建陆军”，渐为清廷所倚重。这股军队后来发展成为北洋六镇（北洋新军），是清末陆军主力，后来民国初年的北洋军阀也大都来源于这支清末新军。

袁世凯聘德国军官十多人担任教习，又自天津武备学堂内挑选百余名学生任各级军官，还引用与培植许多私人亲信，来加强对全军的控制。这些人后来大都成为了清末民初的军政要人，像徐世昌、段祺瑞、冯国璋、王士珍、曹锟、张勋等。

小站练兵是中国新式军队发展的转折点，也奠定了袁世凯一生事业的基础。从此声名鹊起，扶摇直上。1897 年，被提拔为直隶按察使，依旧主持练兵。1898 年 6 月，39 岁的袁世凯升任工部右侍郎。

光绪皇帝看袁世凯有正义感、爱国心，想收买他为己所用，利用他的军队一举将慈禧太后和荣禄的势力给消灭掉。袁世凯在光绪皇帝面前很是恭敬，完全是一副忠君的模样。9 月 18 日，光绪皇帝命袁世凯的朋友谭嗣同秘密去见袁世凯，将光绪皇帝的密旨授予袁世凯，密令他率兵诛杀荣禄包围慈禧太后的住处——颐和园。袁世凯跪地接旨。

光绪皇帝很信任袁世凯，把极其重大的军事任务交给了袁世凯，却不知道袁世凯是个两面三刀的家伙。在他一方面表示要向皇帝效忠的同时，直隶总督荣禄也在拉拢袁世凯，以英国和俄国开战为由，急催袁世凯回天津。此时的袁世凯成了定盘的星，他站在哪一边，哪一边就会获得胜利。

袁世凯也明白自己此时位置的重要。然而，他站在自己利益的立场上仔细认真地权衡，觉得还是慈禧太后对他最有好处，并且此时慈禧太后势力也大，即便是他拿自己的军队站在皇帝的一边对付慈禧太后，能够对付得了，但也不是那么容易的，付出的代价说不定会很大，于是，他便果断地站在了慈禧和荣禄的这一边。

9 月 20 日，袁世凯回至天津，便把光绪皇帝的密旨和谭嗣同的计划原原本本地汇报给了荣禄。荣禄大惊，即刻去见慈禧太后。太后也同样是大惊，嘴唇哆嗦着连连说道：“反了，反了，他这是要置我们于死地了！”

慈禧深邃的眼睛里射出一道凶光，与荣禄也秘密商量布置一番，下令：“赶紧回宫！”

## 变法惨败有志士

正如张謇所料，戊戌变法也终于走向失败。

慈禧回宫两日后即马上临朝，宣布废止新法，全城戒严，火车也停运，将光绪皇帝幽禁了起来，然后是大肆搜捕维新党人。

慈禧把光绪召来，恶狠狠地问他：“你如今行了，竟然想要派军来杀掉我了。”

可怜的光绪皇帝知道，自己的行动已经被这个狠心的老太婆获悉，吓得急忙跪地，哭道：“儿臣怎么敢杀掉亲爸爸呢，亲爸爸这是听了谁的话，这完全是挑唆我和亲爸爸之间的关系，还请亲爸爸详查！”

然而，事情实在是无法挽回了，灾难又一次降临在这个可怜的皇帝身上。

康有为得悉消息，急急忙忙逃出了京城，梁启超也慌忙躲进了日本的大使馆内不敢露头。慈禧太后抓捕维新党人几十人，杀的杀，流放的流放。至此，维新运动算是彻底失败。

却有一名不怕死的志士愿意为变法主动去赴死，大义凛然，不逃不避，他就是千古留名的谭嗣同。

谭嗣同，生于1865年，湖南浏阳人。从小就轻视科举制度，认为科举根本就检验不出个人的才德。他最喜欢的是今文和经学，注重的是学以致用，讲求真学问。另外，他又爱好剑术，有特别强烈的侠义之心。甲午海战中国战败之后，他到京都游历，和康有为、梁启超等一些名士相交，他写的《仁学》大胆地提出了打破传统旧观念，彻底革新的思想。他的眼界开阔，思路新颖大胆，做什么事情都无所畏惧，1897年，他和梁启超等人对湖南巡抚陈宝箴推行的新法予以协助，还参与了新式工矿企业的筹办活动。第二年，他又提倡开办了南学会，积极创办了《湘报》，对新法进行大力宣传。就是这一年的8月，光绪皇帝召他入都进宫见驾，封他为四品卿军机章京，和康有为等一起变法。

这一年的9月21日，慈禧太后，将他抓获。梁启超后来曾记述过谭嗣同被捕前后的事情：

> 至初六日，变遂发。时余方访君寓，对坐榻上，有所擘划，而抄捕南海馆（康先生所居也）之报忽至，旋闻垂帘之谕。君从容语余曰："昔欲救皇上既无可救，今欲救先生亦无可救，吾已无事可办，惟待死期耳。虽然，天下事知其不可而为之，足下试入日本使馆，谒伊藤氏，请致电上海领事而救先生焉。"余是夕宿日本使馆，君竟日不出门，以待捕者。捕者既不至，则于其明日入日本使馆与余相见，劝东游，且携所著书及诗文辞稿本数册家书一箧托焉。曰："不有行者，无以图将来；不有死者，无以酬圣主。今南海之生死未可卜，程婴、

杵臼，月照、西乡，吾与足下分任之。”遂相与一抱而别。初七八九三日，君复与侠士谋救皇上，事卒不成。初十日遂被逮。被逮之前一日，日本志士数辈苦劝君东游，君不听。再四强之，君曰：“各国变法，无不从流血而成。今中国未闻有因变法而流血者，此国之所以不昌也。有之，请自嗣同始！”卒不去，故及于难。君既系狱，题一诗于狱壁曰：“望门投宿思张俭，忍死须臾待杜根。我自横刀向天笑，去留肝胆两昆仑。”盖念南海也。以八月十三日斩于市，春秋三十有三。就义之日，观者万人，君慷慨神气不少变。时军机大臣刚毅监斩，君呼刚前曰：“吾有一言！”刚去不听，乃从容就戮。呜呼，烈矣！（梁启超《谭嗣同之死》）

这段话是说，8 月 6 日慈禧太后发动了废除新法，搜捕维新党人的政变。那时候，梁启超正在谭嗣同的住处对谭嗣同进行拜访，两人在床上对坐，正在谈论如何将光绪皇帝救出来的计策。然而，就在这时候，突然听说官府搜查康有为的寓所，要逮捕康有为的消息，很快又传来了慈禧太后垂帘听政的诏书。谭嗣同镇定地对梁启超说：“原先我们想要救皇帝，可是已经是没有办法了，如今想救康老师也同样是毫无办法。我已经无所作为，只等他们来抓我，杀死我！您去日本的大使馆，请尹藤博文先生发电报来救康老师吧。”

这个晚上，梁启超就住在日本大使馆内，谭嗣同住在他的住处根本也不出门，单等抓捕他的那些人。然而等了一天，也不见有人去抓他。于是，谭嗣同来到了日本大使馆内和梁启超会面，劝梁启超前去日本躲避，还把他自己所做的书与诗文辞稿数册交付梁启超，托他代为保管。他把生死已置之度外，对梁启超说道："没有出去之人，便无法谋取以后之事，没有流血而死之人，便无法来对想有所作为的光绪皇帝进行解救。如今康老师下落不明，程婴、公孙杵臼、月照、西乡此类人物，就让我与您来分别担当吧。"

谭嗣同说完，热泪盈眶，和梁启超相互拥抱了一下，就告辞而去。

这个月的初七、初八、初九，谭嗣同还依旧在和他人商讨如何解救光绪皇帝的办法。他们想尽了一切办法，然而，事情还是没有成功，没能把光绪皇帝解救出来。事情已很是紧急，慈禧太后已经注意到他们了，有朋友苦苦劝谭嗣同前去日本暂避，说："几次三番搭救皇帝不成，太后已经到处在搜捕我们，赶紧走吧，不然就晚了。"

然而，谭嗣同执意不去。他说："别的国家进行变法，没有不流血会成功的，直到今天，中国还没有为变法而流血之人，此也是国家难以富强的主要原因之一！我们国家的变法，也应当流血才成，那流血就从我谭嗣同开始吧！"

他不躲也不避，初十那一天，被慈禧太后给抓住下了大狱。

谭嗣同被押在大牢内，从容镇定，视死如归，在墙壁之上题诗道：

望门投宿思张俭，忍死须臾待杜根。

我自横刀向天笑，去留肝胆两昆仑。

终于，在 8 月13 日这一天，谭嗣同被斩杀于北京菜市口，此时的他，年仅三十三岁，始终大义凛然……

## 萌生实业救国思想

维新党人，除了谭嗣同之外，还有杨锐、林旭、刘光第、杨深秀、康广仁五人和谭嗣同一起被杀，而且都表现得至为优秀，慷慨赴死，和谭嗣同一起被世人称为是“戊戌六君子”。

无论如何，康有为他们的改良变法是彻底失败了。一切新政，除京师大学堂之外，尽皆废止。

张謇刚开始的时候，丁忧在家三年，但他时刻关注着中国时局的变化，对康有为他们的变法，尤其如此。起先是兴奋，继而是担忧，他凭自己半生的经历，觉得他们变法不会成功，同时，他也在进行着自己的思考，也在为中国寻找着富强之路。

依照张謇的年龄，是和康有为差不多的，但比着梁启超来，就大梁启超二十来岁，不过，对于梁启超的胆识和才华，张謇也是由衷地佩服的。张謇在中日签订不平等的《马关条约》之后，张謇痛定思痛，也提出了实业救国、教育救国的口号，当康有为创立强学会的时候，张謇也积极参加，是发起人之一。对于此次变法，张謇也极为热心过一阵子。然而，他是一个非常有思想和头脑的人，他有着自己独立的思考。

他在家里的时候就曾对家人说：“如今的大局，要想斗倒太后老佛爷是很难的，难道中国非要通过斗争，通过血腥的杀戮才能强大起来吗?”

家人说：“那还有什么办法呢？如今的康有为、梁启超也都是很了不起的人物，光绪皇帝很信任他们。”

张謇沉默不语。

这期间，他和南洋大臣张之洞关系甚好，走得很近。张之洞对康有为他们的担忧也和张謇是相同的，他也觉得他们的变法在中国难以行通。

不仅这个相同，他们两个把眼光都投向了西方的实业、西方的工厂和西方发达的科学技术。他们逐渐觉得，西方国家之所以强大，就是因为人家的实业、工厂和发达的科学技术，中国要改良，就非走这条路不可。在张謇未中状元之前，也曾想过在家乡推广养蚕的事业，和父亲买来桑树树苗赊给乡亲们去种植，然而，由于思虑不足，南通实在不适合养蚕而终遭失败。不过，这也成为了他人生的一个很好的锻炼阶段。

张謇和张之洞在一起的时候，经常谈论的就是这些问题。张謇丁忧在家，张之洞请他去南京叙话，张之洞说："此次变法皇上和康先生他们太过于急切，令人堪忧。"

张謇说："依照中国的情况，虽疾患甚多，然而不宜速变、全变，应逐步进行。"

张之洞下结论说："定难成功。"

张謇说："是啊，法国的拿破仑、美国的华盛顿、德国的威廉、日本的明治，他们的变法都出于创巨痛深而因势委蛇，屡进屡变还几十年未能功成，何况中国的制度沿袭元明，疾患这么深这么远呢？"

张之洞说："说得很是，也正是我所想。"

张謇又说："变法若果不根据中国的实际情况，不考虑今日弊政之标本、人民之风俗、士大夫之性情，按照轻重缓急之顺序，逐步进行，必会损于急，败于疾。"

张之洞说：“皇帝他们定的事，谁也难以改变，顺其自然吧！”

二人沉默良久。

张之洞说：“于其失败，还不如做些实际的事情好，我看还是先从中国的工业做起，引进西方国家的先进工业技术来发展我们自己的工业，使我们的国家逐步强大起来。”

张謇听了，急忙说：“大人和卑职想到一块去了，卑职也认为，中国的问题就应先从实业和教育入手，这是根治中国疾患的最好法子。”

张之洞激动地说：“季直说得很对！”从此后，张謇和张之洞就有了他们自己的改良救国的办法，他们两个都不是空谈家，而是雷厉风行的实干家，说干就干，为了挽救这个国家，他们是什么都能做的……

6

# 实业救国——老状元的爱国心

## 民族荣辱高于一切

就这样，在康梁还在帮助光绪皇帝变法的时候，张謇和张之洞便开始商量并实施开办工厂搞实业救国的事情。康梁和光绪皇帝变法是以京城北京为中心，张謇搞实业救国是把他的家乡通州作为了基地。康梁和光绪皇帝是在政治上跟守旧的封建顽固派相颉颃，而张謇则是埋头实干起来。

其实，受西方资本主义发展的影响，早在张謇之前，就有人在国内开办了一些工厂，自《马关条约》签订后，还准许日本的资本向中国国内输入，这无疑是对中国经济的侵略，更加重了中国的贫弱。张謇和张之洞两人商议后，张之洞便向朝廷上奏，请让张謇在他的家乡南通开建工厂，来增强中国的资本，并抵制日本的资本输入。张之洞的影响力在朝中也是相当大的，经朝廷合议，照准。

这可急坏了他的老师翁同龢，他以前那么用劲地把张謇提拔上来，让他中了状元，就是因为欣赏他的才华，让他以后在朝廷上帮助自已，辅助光绪，没想到如今张謇却走向了另一条道路，和自已分岔了。这是他不愿意看到的。另一方面，他也为张謇着想，因为按传统的观念，经商在中国不是正经的职业，是没有办法了才会干的营生，也就是所说的“末务”，并且还被人们鄙视地看作是“市侩”，在社会上是非常没有地位的。以张謇之才，本来就是状元，在朝中当着官员，若干这个对于他个人而言，实在是很大的损失。然而，这些内心之言，在别人跟前，特别是朝堂之上，是根本说不出口的，于是就急忙给张謇写信，恳切地劝他回到朝廷上来，和自已一起共同辅助光绪皇帝维新变法。他对张謇说：“经商办厂在西洋还行，在那里商人们也能够当上国会的议员，身份高贵，依旧像做官一样，高车驷马出入宫廷。而在我们大清国，是绝对行不通的……”

张謇那一段时间内多次收到翁同龢老师这样的信件，他也是心潮澎湃，心里很激动，他能体会到老师的良苦用心。然而，他觉得他不能那么做。他的良心不允许他那么做。他要为国家富强，不再受外国人的欺负而努力奋起。他是铁了心了。

不说翁同龢，就是他的家人也想不通，他一个朝廷命官，为何非要走这一条让人揪心的道路呢？考了半辈子，终于考了个状元，入了翰林院，身居清要，本想着三年后经过考校评定等次后，或以编修检讨留院，或以主事分各部尽先任职，或以知县由吏部以实缺选用，之后再一步一步升高，说不定还能当个封疆大吏或朝廷重臣什么的，难道到头来，竟然是个经商办厂的吗？他的哥哥和兄弟们以及其他亲人也都纷纷劝他："你吃了那么多苦，经历了那么多的磨难，才得了这么一个状元，这是多么大的荣耀，为什么非要办厂呀？这不是自毁前程吗？"

还有的人暗地里说："张謇这是昏了头了！"

然而，张謇如今把这些看得很淡，他心里明镜似的，民族大义比个人的前途重要得多，在国家面前，个人算得了什么呢？以前他大都是为个人而奋斗，现在他要完全为挽救这个贫弱而多灾多难的国家而奋斗了！

此后，张謇就离开了官场，开始了在家乡办厂以实业救国的艰难之路。他一介书生，既无资金，又无经验。然而，纵然知道苦难重重，张謇还是坚定地迈出了他办厂救国的艰难步伐。

## 爱国的张之洞

此后在张謇的人生道路上，和他关系最好，也是和他志同道合的人应当说是张之洞了，因此要写张謇的传记，就不能不较为详细地说一下张之洞。

张之洞，生于贵州，长于贵州，当然也是一口的贵州话，生得又瘦又小，像贵州人，然而，因为祖籍是直隶南皮县，所以许多人就都称他为"张南皮"。

张之洞从小脑子比较迟缓，无论什么，反应总是比别人慢半拍，但是他知道笨鸟先飞的道理，在读书上，比别人下得工夫都大，也刻苦，居然纠正了天生脑子反应慢的毛病，并很快优于常人，学什么都能不拘于常理，很能融会贯通，很善于写文章，在13岁的时候便考中了秀才，在16岁时中了解元，在科举的道路上顺利得惊人，也让人羡慕不已。也许和张謇的不同之处就在于张之洞有个当官的父亲和众多官场上的亲戚吧。不过，不管当官不当官，这张之洞也的确是有才，26岁上又顺利地高中探花，后来又在亲戚的扶助、特别是他的堂兄张之万的点拨下在官场扶摇直上，从翰林直升到封疆大吏，到最后，又入朝当了宰相，成了当时能够和李鸿章官位上相比肩的了不起的大人物。他的堂兄张之万，当时曾是闽浙的总督，也是封疆大吏。

张之洞首次去南京做官，也正是大清王朝风雨飘摇之际，虎狼列强窥伺中国，日本直接入侵。朝廷让两江总督刘坤一前去抵抗日寇，随后就把张之洞派到了南京代替刘坤一。当时的张之洞头脑是很清楚明白的，也有着强烈的爱国心。他觉得中日战争随时都会蔓延至长江中下游地区。而大清的军队又很是腐败，简直不堪一击，若是让他们只是镇压一下国内的骚乱还行，若抵抗外国的精锐军队，绝对是不行的。于是，他便决定在军队上以最快的速度进行大力的整顿和变革。他有着自己独特的思路，做事又沉稳干练。他对海防进行改善，又买来了许多的洋枪和洋炮，进行装备，组建了一支相当有战斗力的"自强军"。1895年，张之洞从卫队和扩军等营内挑选了1600多名悍勇士兵，然后，又自江苏和安徽等地招募土著乡民，训练成2000多名兵勇。张之洞征兵要求在那个时候是最高的，人们都说，"稍微有一点毛病张大人都是不要的"。张之洞对所招之兵让西医对他们进行体检，一定要体格健壮，没什么疾患的；一定要有所在村出具证明品德良好；一定要服役十个年头；被招之兵许多还都需拥有一些文化知识，可谓是素质相当的高。

张之洞给这些“自强军”很好的待遇。正勇是一个月五块银元的饷银，下级军官月饷比这个还要多些。张之洞为兵勇们发放饷银的时候，由洋教习和特派的大清军官当场发放现洋。除此之外，还供给兵勇们制服、口粮，以及营房等必需的军备。团练和乡勇之军官全部给予正规的军官候补官衔，或者是授以官阶。

张之洞为了抵御外侮，对于军事人才，积极延揽，他还专门在南京开设了一个“延才馆”，对水师进行筹备。后来的民国大总统黎元洪也是这时候入的张之洞的水师。

张之洞看黎元洪有着不同一般的经历，也确实很有本事，就非常的兴奋，就问他：“先生对于大清海军与营建防御工程方面有何高见呢?”

没想到，这黎元洪见问，即滔滔不绝，对答如流，且不乏真知灼见。张之洞更是喜欢了，遂说道：“好，好，好!”

然后，张之洞对一边的官员说：“这位先生真是我这么长时间以来碰到的最佳的能干之才!”

张之洞一心为国，从没有过私心，他在南京编练新军的时候，规模上从来没有超越过原定的方案，待自己调往别处任职的时候，便主动地交出军队的管理权，拳拳之心可昭日月。

1895 年 9 月，康有为来到了张之洞所在的南京总督府，这是康有为在北京创办《万国公报》和强学会，遭至保守势力的压制，来上海开创局面的。上海是两江总督张之洞的所辖之地，他也知道张之洞是什么样的一个人，因此来求张之洞帮忙。而张之洞，他可是慈禧和光绪皇帝都很看重的实权人物，若有张之洞对康有为帮忙，那康有为的维新事业在上海以及两江就会发展得很好。一心探寻国家强盛之路的张之洞听了康有为要在上海筹办强学分会的时候，张之洞就毫不犹豫地答应了，为了国家强盛，为了民族大业，他张之洞哪会不答应呢？不仅如此，张之洞还对此鼎力以助，当即就拨给康有为银两来做经费。

对于维新一派，杨锐、杨深秀实际上都是张之洞曾经的学生，张之洞也曾经扶助过谭嗣同。尤其是杨锐，是张之洞督学四川时候最看好的学生，杨锐的学识和文章，在当时都很有名气。张之洞在湖北做官的时候，专门开辟两湖书院，让杨锐来对史学分校给予主持。张之洞首次来两江任职总督的时候，经常和杨锐在一起，两人过从甚密……

## 实业家张之洞

应当说，张之洞很早就开始在中国创办实业了，他的实业是从制造枪炮的枪炮厂开始的，都是为了国家，为了民族，毫无个人私利可言。在中法战争的时候，他肩负统筹战局之重要责任。期间大清军队从国外买来的军火良莠不齐，许多都不能用，贻误战事，并且所需资费甚多，甚至有的时候，卖方还故意居奇抑勒，借口宣战，停运截留，对中国军队极为不利，于是他便向朝廷上书创办自己的枪炮厂。后来他创办的实业又涉及到织布、造纸与制革等领域。

两广总督瑞麟于1873年创办了广东的洋务企业——广州机器局，然而在管理上却很混乱，把大清官场的腐败之风全带了进去，致使厂内贪污浪费现象很厉害，难以正常进行生产。1885年，张之洞奉朝廷之命对该厂进行查办和整顿，把它改为“制造东局”，没多长时间，这个厂便正常化了，并且很见起色。

1886 年，张之洞于广州城北石井墟买了 31 亩地，创建枪弹厂，对毛瑟和马梯尼等型号的枪弹进行生产。在张之洞的奏请下，朝廷又派来了黄荔丹担任造船厂的总办，对兵船进行打造。建造这个石井枪弹厂由于没那么多的经费，所以只是小规模的制造。又随着广东海防位置的日益重要，张之洞又开始对新的枪炮厂进行开办。

大清朝廷于 1889 年调张之洞去湖广任职，张之洞通过跟海军衙门进行商讨，把原粤省所订德国的机器运到湖北，另外建造湖北枪炮厂。

这个湖北枪炮厂于 1892 年在大别山北麓开建，建成于次年 6 月。1896 年又增设了炮架、炮弹和枪弹的生产等。

1897 年，张之洞又建钢药厂，以后的规模一天比一天增大。枪炮厂下面又分许多个子厂，每个厂又各有名字，仅仅用“枪炮”两个字是不能概括的。

以上都是关于军事国防的，在为国增加财富上，张之洞于 1890 年在武昌门外建立了一个湖北织布官局，于 1892 年正式投入生产。

此后，张之洞又开办了一家湖北纺纱局，建此纱场的初衷是对布局起一个辅助作用，还对于铁厂给予协助。

另外，张之洞还先后创办过白沙洲造纸厂、湖北针钉厂、武昌制革厂、湖北毡呢厂和湖北官砖厂等，他是我国近代最早最了不起的一位实业家。

张之洞从开始到最后的实业活动的旗帜就是——洋务。他在 1883 年 5 月于山西开办洋务局，还增添多种实业机构，这是他最初打的洋务大旗。他被朝廷调往两广任职总督后，特别是中法战争完毕之后，才真正开始了大张洋务大旗。他在1887年5月开设办理洋务处，督促命令所属的衙门讨论学习洋务，锻炼人才，还于此机构下有效地对洋务人才进行网罗，将事业做得红红火火……

正当西方列强对中国加紧瓜分和侵略的时候，张謇和张之洞因为有着共同的爱好，而走到了一起。他们在一起商讨，共同进退。他们商量好，张之洞主要是搞重工业，而张謇主要是搞轻工业。起初，张謇走实业救国的道路主要是在张之洞的领导下进行的。张之洞是一边当官，一边办企业，而张謇是把自己的全副身心都扑在了实业救国的道路上，他一心想的就是用实业挽救这个多灾多难、濒临灭亡的国家，使这个国家慢慢走上富强的道路……

## 起步维艰

张之洞对张謇说两江地区需要开办些企业，他觉得江北盛产棉花，并且产量高，质地好，“力韧丝长，冠绝亚洲”，同时也是日本开办的厂家的原料与产销的主要对象，办纺织厂，最好不过。张謇听了，也欣然同意此看法，他说：“我们南通滨着海，临着江，交通好，天气变化很是适宜，长时间不下霜，历来都是棉花高产的地区，不但棉花产量高、洁白，而且纤维长，弹性强，早就以“纱花”天下驰名。我们那里的人民大多都有着很好的纺织织布的传统技艺，他们织出的布名为通州大布，深受欢迎，销路很远，也很广。”张之洞说：“是呀，因此非常需要机器纺出来的纱。况且做纺织业所需的资金也比做别的工业要少一些，生产周期还短，可以短时间内取得效益。”

于是，他们两个经过商议，决定在张謇的家乡南通先办个纺织厂，让张謇来全面督办这件事，企业形式为商办官助。此时的国家资金真是太困难了，也只有如此。要办实业，说着容易，做着可就难了，每一步都不容易。

首先是资金问题，资金从哪里来呢？没有资金如何办厂？

张謇回至家乡南通之后，把要办厂的事情和当地的亲朋好友们一说，请他们有钱的出钱，有力的出力，有不少人赞成，然而，要他们出钱的话，他们就默不作声了，只有几家站出来响应。也难怪，钱在那个年头可真是不容易赚！他们首先考虑的一个问题是，把钱投入进去了，能够收回来吗？特别是张謇的两个刚刚成年的大侄子叫得最欢，遭到他的一顿训斥。

张謇在家乡筹得一些钱财，可是少得可怜，哪能办厂？这真是应了起步艰难这句话，人们都知道救国的大道理，可是真要他们出钱，他们就会害怕自己投出的钱从此打水漂，再也收不回来了，他张謇是个大才子不假，当今的状元公，可这和经商办厂是两码事，何况，钱这东西实在也太金贵了！

张謇只好去找现任的两江总督。此时张之洞已经去当两湖总督了，来当两江总督的是刘坤一。刘坤一对张謇很是热情友好，但是一谈到正事，谈到钱，他就表示难办，先是让张謇以他的名义去借，后来见借也不容易，就感觉这事实在麻烦、棘手，索性说：“真不行的话，季直你还是去找张之洞张大人吧，他办这么多年实业，兴许是有办法的。”

于是，张謇又去湖北找张之洞商量此事，希望得到一些支持。而张之洞在钱财问题上也相当发愁，大清也是因为没钱，才会受到列强们的欺侮的！自从《辛丑条约》签订之后，中国更是背上了4亿5千万两白银的冤枉债，还必须要依照规定在39年内分期还完。国家财政实在困难，再加之官场的腐败，官吏的贪污，弄得真是……

张之洞背着手，又瘦又矮的身子在屋里来回踱着步子。最后终于想出了办法，他对张謇说："中国的事情，如今干什么都不是容易的，我在湖北之时曾经从英国购置来一批纺织机器，现在正停放在上海，我就把它们买过来，支援你们吧！"

机器当然也是本钱，也是资本，此时张謇自然也是愿意接受的，除此之外，还有什么办法呢？虽然那批纺织机器放在黄浦江岸风刮日晒已经很长时间了，在旧芦席下已经生锈，但只要能用就成，就算自己的企业前进了一步。官方以此当作五十份股金就这样给了张謇。

张謇拿到这些东西回去，然而，他的那些董事们却不乐意了，个个皱着眉说："这样一堆破烂就值五十股金？也太黑了吧？待我们辛辛苦苦把厂给弄好了，就给他们五十股的分红？"个个都摇头不已。这当然都是站在个人私利上来考虑问题的，而张謇是从不考虑这些问题的，他想的是只要把事情办成，哪怕自己个人不得一分的利也成！可是作为主事人，对于这些董事们的意见他不能不考虑。如果他们闹意见，不齐心，工作就很难开展。

上海董事的意见是不能用官府的这批机器，用了这些机器，假如以后再用官股，把厂建成之后肯定会受到官府的制约，从而会影响到自己的收入。并坚决地对张謇说，若用这批机器，他们就此退出董事会，也就是要求退股。这不是难为张謇吗？更令人着急的是，上海董事一这么说，南通的几个股东也有了意见，他们说，上海董事做事不牢靠，他们的想法太多，很难与他们一起做事，若他们在这里，那我们就要退出。

这些能不令张謇忧心吗？他在办公室内反反复复地考虑，彻夜不能入眠，很是焦心。他只好两下里进行协调，并且自己也放低姿态，对人家好说歹说："国事为重，我们办企业主要是为了挽救国家之危亡，还望大家退一步去想，有什么不是，都是鄙人之错，鄙人之错！"

后来，张謇曾记述这时候的境况说：

> 忍侮蒙讥，伍生平不伍之人，道生平不道之事，舌瘁而笔凋，昼惭而夜梾者，不知凡几。

通过张謇百般的努力，也经过多方奔走，最后达成共识，认为用官府的这批机器是可行的。

事情终于完成后，张謇也感觉这事也真是不容易，他私下里乐观地对人说："如果一个人真到了很危险的境地，还是要抱定把牙齿打落在嘴内含血吞进去的念头，并且连肚子都不用去摸。"

也因为张謇的真诚为人，一心努力，大家也都看到这位状元公的辛苦，因此，也得到了人们的同情和支持。他的好朋友沙元炳和地方上的一些开明士绅为他解决了办厂资金上的重大问题。

有了这些资金，厂子也就很快办起来了。张謇心里很是激动，不亚于他高中状元时候的心情。他高中状元是为家族，是为他自己，而如今的办厂是挽救国家的命运，这哪会一样呢？

张謇想为这个厂子起个最好听最有发展前景的名字，叫什么呢？张謇召开董事会议了好几个小时也没有定下来。对于厂名，大家都很谨慎，因为它寄予着大家伙儿的希望！

张謇时时刻刻惦念着这件事，晚上伏案读书，忽然在《易经》上看到这么一句“天地之大德曰生”，顿时心里一亮，他觉得找到厂名了，禁不住激动的心情，随即站起来，挥笔作书，铺纸写了“大生”两个字，仔细看看这两个发自内心深处的字，他仍旧是激动不已。

张謇不光文章写得好，书法方面造诣也是很深的。他从小就对字由衷地爱好，经常是刻苦练习。小时候他练字追求平稳，不管是什么字体，最少是练习一百遍以上。他12岁的那一年，有一次去三叔家串门，当走到三叔家附近的药王庙时，就想进去看看。进去之后，看到鹊神龛后面有一把用稻草捆扎而成的刷墙壁提浆的短把刷子，还有一只装石灰水的木桶。此时的张謇看看这里没人，一时写字的兴趣又上来了，于是，便拿起那把短把的刷子蘸了石灰水在砖地上写起来。他写了四个大字：指上生春。人们来后，都称赏不已。此后，他练字从未间断过，练魏碑，练东坡，越练越好。特别是在他青壮年时期，练字上更是下工夫，常常是夏练三伏，冬练三九，根本不会停歇。在他20岁那一年的11月13日日记中，他写道：

雪，入冬以来，是日为最寒。读《三国志》。写字。

次日，他又记道：

雪霁、更寒。读《三国志·魏志》终。写字。

11月15日，他又写道：

寒如故，砚池水点滴皆冻，写不能终一字，笔即僵。

第二年，也就是1874年六月初三，正是炎夏季节，他在日记中写道：

返舟、写字、看书。是日甚热。

7月4日，他又在日记中写道：

苦热，每写一字，汗辄雨下。

张謇的楷书曾学过王羲之、王献之、颜真卿、褚遂良、欧阳询、欧阳通等大家，行草曾学文征明、包世臣等，隶书曾认真演习过东汉的碑刻《礼器碑》，博采众家之长，把字写得独特、雄强、洞达、平实、劲美。

不过，此时张謇写完“大生”这两个字后，并不是为自己的书法艺术而激动，他是为这两个字所蕴含的意思跟自己办的这个厂的联系而激动。

第二天，张謇又召开董事会，很快便定下了这个名字，就叫了“大生纱厂”。张謇对他们说：“我们儒家，有一句扼要而不可动摇的名言，那就是‘天地之大德曰生’。这句话如何讲呢，那就是说一切政治和学问最低的期望，便是要让大多数的人民，全能够过上最低水平线上的生活。所以，我把我们所创办的企业命名作‘大生’，也就是‘天地之大德曰生’之涵义。”

董事们又都高兴地说：“你是状元之才，你就再出副楹联吧！”

张謇在此事上也毫不谦虚，点头称是，随即草就：

枢机之发动乎天地，衣被所及遍我东南。

他们又请张謇书写，并制作匾额，然而张謇摇头了，说："此事重大，不可草率，须找一位德高望重之人题写才是。"都说："找谁呢？"

张謇心中已有了人选，说道："找翁同龢大人！"

对于翁同龢，是没有人会有异议的，他是皇帝的老师，又有很高的名望，他不行，谁还行呢？于是都一致赞成。

**附：**

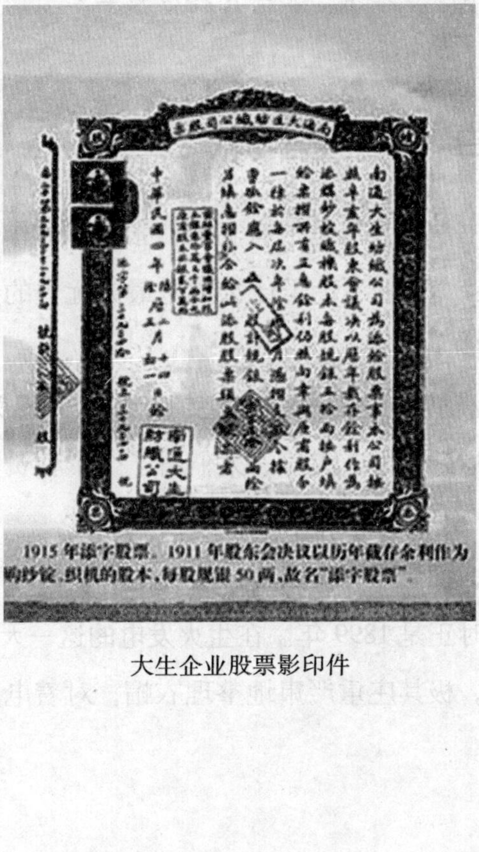


大生企业股票影印件

内中文字为：

大生机器纺纱厂为给发股票事案奉 南洋大臣 奏饬在通州设立机器纺纱厂，当经太常侍少堂盛、翰林院修撰张（此处“太常侍少堂盛”与“翰林院修撰张”两行字并列）合领南洋商务局官机二万锭，作为官股规银二十五万两，议集商股规银二十五万两，共计官商本规银五十万两，以壹百两为壹股。官绅订立合同，永远合办。行本不足，另集新股，一体分利。以银到之日起息，长年官利八厘，余利照章按股分派。每届年终结账，三月初一日凭折发利。除刊布章程并另给息折外，须至股票者……光绪二十三年九月初壹日……第柒百柒拾号至　　号

## 泼皮秀才上告

翁同龢的书法在大清是很有名的，张謇求他作书，自然是欣然应允，他说：“季直不论干什么都是最为优秀的，为国为民之心，让人敬佩！”

翁同龢以满腔的爱国爱学生之情，饱蘸浓墨为张謇题写楹联，笔力自是遒劲，恢宏大气，人们看了个个称赞不已，不愧是一代帝师！

一切就绪，拥有两万零四百纱垫锭的大生纱厂要正式开机投入生产了。此时正是1899年。在生火发电的这一天，张謇专门带领着他的部下，极其庄重严肃地整理衣帽，对着电火灯光郑重地磕了三个响头。

此时的人们都心潮澎湃，终于开业了，就在前几天厂里试机，还有人在说风凉话："张状元纱厂里的烟囱那么高，但是什么时候才能冒出烟来呢？机器虽然开始响了，但是什么时候才能纺出纱来呢？"

多么的不容易呀！路从脚下开始，就要和外国企业斗一斗了，中国的富强之路也从脚下开始！

可是，纱厂是正式投入生产了，然而，脚下的路也并不是宽阔平坦了，它依旧是坎坷不平的，那些投靠外国的和那些守旧的顽固势力总会和他作对，他们始终在找机会对张謇的实业进行破坏，设法捣乱。他们拿机器生产会让家庭手工业破产作为借口来煽动一些人的不安稳情绪。

纱厂开工以后，就要对棉花进行收购，收购棉花，就会需要一笔资金来周转。两江总督刘坤一让通海下属把存进典当的地方公款转至大生纱厂，作应急之用。这事其实很容易办，只通州存典公款便有相当数目的款项，理应进行协助，一般情况下也不会出现什么周折，然而管理此事的知府汪树堂心存不良，奸诈地一笑，坏水就冒上来了。他一边呈报公文给总督衙门，言说没问题必然会照办，一边又暗地里把持着公款不让转拨。对此，他使用了两种手段，一边是假装热心支持张謇办厂，积极动员地方士绅董事出资金，说："各位可一定要为我们的大生纱厂凑够七万元啊！"一边又暗地里另搞一套。那些地方有钱的绅士，当然是不愿往外出钱的。一听汪树堂如此说，都怨声载道，叫苦连天，一片反对之声：

"哎哟，妈呀，怎么又要掏钱呢？"

"办个厂，怎么需要这么多钱呢！"

“是呀，怎么没完没了呀!”

“我家哪还有钱啊!”

“救国，救国，我连自己还救不了，还要救别人?”

这些人，一叫他们出钱，就像是割他们的肉一样。

汪树堂看到这些，心里很是开心，觉得自己的目的达到了。他还另一边又把对张謇有意见的读书人都召集到一起，故意对他们说：“上面说，把‘宾兴’和‘公车’两项钱款一万多元拨给大生纱厂。”

人们都知道这两项款子都是地方衙门用于当地的秀才和举人乡试、会试时候的津贴专款，这两项款子关系着这些秀才和举人的前程，因此，这些人一听就炸开了锅，应有的斯文也没有了，有的甚至大骂起了张謇无德，都是张謇瞎折腾害的他们。越吵越热闹，越吵越激愤。真是再好的人，也是有仇家的，这便是张謇的仇家。

特别是那个叫白镜铭的年轻秀才，很是大胆，还有点泼皮无赖的味道。他大声吵嚷着，公然在通州的所有城门上张贴了揭帖，进行煽动。他在揭帖上大肆揭露状元张謇的种种不道德行为，说张謇损坏地方公益，破坏读书人前程等等，如此一来，和这些有共同想法的人很快聚集到了一起，他们大吵大嚷着商议，要联名通州所有秀才到知府衙门告张謇作恶不端。说张謇办厂根本不是什么实业救国，完全是为了打着这样的旗号，发自己的财，把钱财弄来自己享受，更重要的是危害乡里。

知府衙门里的师爷名叫黄阶平，本是他们一类人，素来对张謇就嫉妒加愤恨的，如今见这么多人整治张謇，心内自是激动，当他接到这帮人呈上来的状子时，心中很是高兴，他当然也是这帮人背地里已经买通了的，于是又暗地里将这个副贡添油加醋地精心修改了几遍，将那些用来污蔑张謇的话语全用上了，他一心要张謇倒霉……

知府汪树堂见这群人声势大，心中甚是高兴，然而，他也知道张謇在官场中的影响，更何况张謇背后还有个张之洞，他也害怕把事情闹得太大，引火烧身，便见好就收，对这些人倒打一耙，他开堂悬牌批示，把这群状告张謇的人痛斥一顿，说："张大人乃是本朝钦命状元公，也是我们地方上的一面招牌，我们的荣耀，他所做之事都是为国为民，你们这群人怎么能以一己之私而忘大义呢？哪还像个读书人？"

弄得这群人很是狼狈，一时也丈二和尚摸不着头脑，心想，这事怎么突然翻过来了？汪树堂对他们说："你们违抗宪令，阻挠地方大利，本官原想申报朝廷革去你等功名，但念你们日夜读书也不易，姑且放过你们一次，有廉耻之心的，赶紧回家思过去吧！"

这群找不到北的人，一听要革去自己的功名，心中更是害怕，那可是自己的命根子呀，还说自己读书人不知廉耻，这让他们如何立得住？

## 无论如何要渡过难关

张謇是有身份有影响的人物，作为知府的汪树堂自然不敢公然和张謇过不去，不管怎么，也要在面子上维护着张謇。虽然如此，但在暗中他还是该如何便如何，按照他的轨道做着他的事情，绝对不给张謇留一点面子。他在面子上把那群没地位没影响的泼皮秀才赶走之后，便去把这事汇报给了两江总督刘坤一，作出一副苦哈哈的样子对刘坤一说："刘大人哪，季直开办的这个纱厂实在是不合民意呀，竟然会有那么多的秀才联名到知府衙门里告他的状，弄得卑职很是为难呀！这些秀才为什么非要告季直？难道是季直真的做得不对吗？"

刘坤一可不是傻瓜，他一眼便看穿了汪树堂的用心，但此时还不好说什么，就说："那班不懂世事的秀才是被懂世事的聪明而不怀好意的人煽动的吧？应当查一下。"

汪树堂一听这话心里马上慌了，脸上冒汗，连说："谁煽动了，谁煽动了，马上把这个人抓起来——不会吧？谁会煽动这事呢？"

刘坤一说："着手查一下！"

汪树堂说："喳、喳！不过谁会煽动呢？查也无用，不会有人的，都是这班秀才瞎闹腾，应当把这群秀才抓起来。"

刘坤一说："这事就交给汪大人去办理了，你自己看着办吧！"

汪树堂说："喳、喳！"

然后就赶紧退走了。

汪树堂回去之后，也是一头的汗，顶头上司他是不敢得罪的，在那个时代官大一级压死人！为了弥补，他不得不给张謇拿出了一万元钱来，但是还不甘心，又向张謇约定，一年为还款期限。

张謇见如此，气得直打哆嗦，厂里的属下和一些朋友们也都为此很是生气，大骂汪树堂，还说要找他理论，甚至是当面大骂他一顿，不要他的款子。但是为了大生纱厂，张謇还是忍气吞声阻止了他们，命厂里的办事人员沈燮钧前去办手续领取这笔款子。

办厂是艰难的，这个厂子虽然开始生产了，然而要办下去却还是极不容易的。他为了向大家说明做成什么事情都不容易，必须要艰苦奋斗，时时努力，后来就在他们的这个厂的办事楼大厅里悬挂了四副“厂做图”。当中还有一副是“水草藏毒”，是说事业的艰难和险阻，要厂里的人员时时存必成之心，时时作可败之计。

张謇依靠汪树堂给的这点钱，是远远不能渡过难关的，怎么办呢？厂内的人们都愁眉不展，总得找钱呀！

时光不待人，多耽误一天，厂里就多消耗一天，救国的大计也就更为艰难一天。此时的张謇真是为难呀！有一种上不挨天，下不着地的感觉。他到处奔波为大生纱厂筹措款项，可是筹款的事哪是那么容易的呢？他东挪一点，西讨一点，腿都跑断了，也还是……但是张謇不是轻易言败的人，如果那样，也就不是他张謇了！他还是不断地想着办法。

忽然有一天，沈燮钧以探询的口气说：“四先生，如今的盛宣怀财大气粗，是上海的一大财主，何不向他借点钱来办我们的厂子呢？”

沈燮钧嘴里所说的盛宣怀是个跟外国侵略势力相勾结的封建买办，张謇从来都没正眼看过他，更没有向他借钱的想法。如今在这艰难的时候突然提起他，张謇心中很是难受。盛怀宣，难道真要我去求他吗？张謇喘着粗气。

又有一些人劝他说：“无论如何，先渡过难关再说。”张謇是一个一切从大局出发的聪明人，不会不知道哪头轻哪头重，经过认真掂量，还是决定去找人家借钱，无论如何先渡过眼前困境再说，至于以后的事嘛，以后再说，一码归一码，他办实业就是为了救国，也绝对不会因为这个而丧失原则。

于是，他便放下身价去找盛怀宣借钱。

说起来这个盛宣怀，字杏荪、幼勖、杏生等，别署愚斋，号次沂、止叟等。他可以说是多重身份集于一身的大人物，他是政治家、企业家、官僚买办。出生于 1844 年 11 月 4 日的常州武进县的官僚家庭。22 岁应童试，补县学生。他的父亲名叫盛康，和大名鼎鼎的李鸿章有朋友之谊，关系相当不错。因此，盛宣怀于同治九年（1870 年）被李鸿章招入他的幕府。这个人不但长得又瘦又小，尖嘴猴腮像猴，心里也像猴，从来都是上窜下跳精灵得很，使李鸿章非常地喜欢他，一味地提拔于他，他的官一直坐到邮传尚书，朝廷封他为太子少保，所以，人们又把他称为“盛宫保”。

19 世纪 70 年代，中国的洋务运动从军事工业转至民用工业上，对钢铁的需求量加大。聪明的人便把眼光投向了西方，提出采用人家的新技术来对国内的煤铁矿床进行开发，兴办钢铁工业。那时候，盛宣怀正当着淮军后路营务处会办、轮船招商局会办，已经是布政使的官衔，直隶候补道了。还因为他那时已经创办过不少实业，有办实业的经验，李鸿章就向朝廷奏请派他对国内地面煤铁矿藏进行密查，想要创建新式的钢铁工业。朝廷准其奏，就派他去了。盛宣怀领旨后便将英国的矿师郭师敦等一些人聘请来，对湖北境内的煤铁矿藏进行全面的勘查。

没过多长时间，郭师敦勘探后回报说：“大冶县属铁矿最多，各山矿脉之大，惟铁山及铁门槛二山最多。验诸四周，矿石显露，完全可以证明遍山都是铁。净铁质为 60% — 66%，如果用两座熔炉将它们熔化，就是用一百年也用不完。”

喜讯传来，人们精神都很是振奋：如此多的矿藏呀！

作为汉阳铁厂的原料基地，建成后的大冶铁矿正式投入生产。在张之洞的授意之下，1896年盛宣怀接办大冶铁矿。也就在这一年，千里之外的日本不知出于什么目的却于日本境内没有铁矿资源的九州福冈也开办了一个八幡制铁所。三、四年后，中国政府派实业顾问在铁山的山岭之间进行勘查，这个实业顾问是个日本人，同时也是日本曾派驻宁波的领事，名叫西泽公雄。西泽公雄手里拿着铁锤这里敲敲，那里打打，还不时地跟矿工与技师们说说话，就是在这好像没有事情的闲聊敲打中，精通矿冶技术的西泽公雄以非常快的速度便把大冶铁矿的第一手资料掌握了。掌握之后，他不是马上上报给雇佣他的中国政府，而是立即将这一材料上报给了他的日本政府。他还在报告内极力建议日本政府：“我们国家若要创办钢铁工业，最佳的办法就是把中国大冶的铁矿山拿到手。”

当时的日本政府接到如此重要的情报，心情极为激动，1898年，前任首相伊藤博文亲自出马找到了中国的南洋大臣著名的实业家张之洞商量合作事宜。日本需要中国的铁矿石，而中国的汉阳铁厂也需要日本的煤来炼焦。第二年，张之洞派遣盛宣怀跟日本政府签订了《煤焦铁矿互售合同》。合同规定，日本的八幡铁所一年最少要以每吨3日元的价格从中国的大冶铁矿山运走5万吨矿石，还让中国一定要对日本的需求量予以保证。汉阳铁厂一年最少要购买到日本焦炭三至四万吨，价格随时议定，这个合同有效期是15年。签订合同之后，西泽公雄就被日本的八幡制铁所派到了中国的大冶铁山。此后中国的大冶铁矿石便开始源源不断地输送到了日本国。

日本是怀着目的野心而来，虽然此合同对于中国来说，有些苛刻之处，然而从表面上也看不出有什么不公平的地方。

没过多长时间，盛宣怀要对汉阳铁厂进行扩建和改造，然而手里没有那么多的钱可以支配。日本国获悉这一情况后，便觉得又有了控制大冶铁矿的好机会。于是主动去找盛宣怀，以低息贷给盛宣怀300万日元，但有个条件就是中国方面要用矿山来作为抵押，以大冶铁矿的矿石进行偿还，偿还期限是30年。日本内阁还为此专门形成了一项决议，把中国的大冶铁矿原材料当作发展日本钢铁工业的国策。

1904年，盛宣怀跟日本签订了《大冶购运矿石预借矿价合同》，借款正式成立。自此以后，日本人便把持了大冶铁矿，依靠着大冶铁矿的上好矿石，八幡制铁所迅速发展，年产量从原先的几万吨发展至50万吨……

盛怀宣，他自然是知道张謇的，也很知道张謇的为人，因为都是场面上的人，张謇体面名声又大，他自然也是不愿公然得罪张謇的。见了面很是热情，亲自为张謇端茶倒水，满面笑容，满口答应，说只要是张公说的，他一定会鼎力为之，把张謇说得心里也一时颇为舒服。然而，又说，这么多的钱，一时不凑手，改日一定送到府上。说到这里，张謇只有告辞了，等他把钱凑够，给自已送过去。

可是张謇等啊等，怎么也等不到盛怀宣凑够钱给自已送过来，一分钱也没有。对于此事，张謇也不好再去求他、催他，对于这样一个人，那样做真是降低了自己的人格。张謇下决心不再求他，另外想办法，无论如何也要渡过这个难关。其实，对于像盛宣怀这样的人，张謇也没有太指望他，一刻也没有停下自己努力的脚步。

## 困难还在继续

对于盛宣怀这样的人，张謇就是有求于他，也绝不会躬身以求的，然而对于一般老百姓来说，就不同了。因为这些人才是自己人，自己的亲人呢！

张謇真是遇到难处了，你看他向每一个可能向自己投资入股的人讲说自己办厂的意图，求他们来入股，对每一个来入股的人都笑脸相迎，躬身以拜。不管是谁，也不管是多少钱，全部收下。唐闸有个杂货店的老板，原是不愿意出钱的，经张謇给他们讲道理，最后他只掏出来了二十元钱，然而，张謇并不嫌少，依旧欢喜地接下了这二十元的股份，并且也是躬身下拜——一个状元公啊，本是当地人的骄傲，如今却如此这般！那些好心人看得都受不了了，甚至是热泪盈眶。想张謇真是为国为民，也真是遭遇难处了。于是，也都纷纷解囊入股，他们这是在帮助张謇。有位普通而好心的老太太，不忍看一个状元公如此艰难，颤颤巍巍地拿出自己存的六元钱来送给张謇说："张状元呀，我们大清太弱了，外国都欺负咱们，我们都知道你是为救咱们大清的，救大清不是一个人的事，也有老太太我的一份责任，这钱虽少，不济什么事，但也是我的一份心意，还望状元公您收下！"

感动得张謇扑通一声就给老太太跪下了，一时泪流满面，给老太太磕头："谢谢老妈妈，谢谢老妈妈！"一旁的人也很是感动，大多都落了泪。老太太见状元公给自己跪下了，吓得也慌忙给张謇跪下了，说："您是状元，您是官，怎么跪我一个穷婆子呢，折煞我了，折煞了！"

然而，一般人是太穷了，虽然心意到了，然而还是……张謇今天筹到的钱，第二天便用尽了，根本不济什么事。有时刚向这个人筹到一些钱，可又要马上还那个人，另一个人，也会上门讨债，弄得张謇仍是心里急得不行。这样下去如何是好呢？厂子建成了却不能开工，厂子每日光消耗也要四千元，如何不让人心急如焚？到哪里弄钱呢？

当时，甚至还有人给他出主意说："干脆把厂租给人家算啦！"

这如何能够呢？这是张謇无论如何也不愿意看到的事。他的目的是实业救国，难道还没真正开始，就这样夭折了吗？然而如今这个局面，不这样又当如何？此时的张謇就像是被梦魇住了一样，无论如何也翻不得身，他着急，呼喊，用劲地蹬腿都毫无用处。可是真要将自己的厂给租出去，上海的那些资本家们就会趁机压价，真是进退维谷！

此时的张謇，国不但救不了，连自己也只想跳水一死了之，可是他又想到，就是死了也会身后留下骂名。那么多那么重的人情，还有那些债务谁来还呢？人家能不骂他？此时的张謇死也是死不起的，何况，一向好强的他也根本就不愿就此死去，他是不会甘心失败的。

想那盛怀宣更是可恨，在张謇实在走投无路之下，还是去到盛宣怀那里催款了。然而，盛怀宣只是拖三阻四，依然不失热情地说："正在筹措，正在筹措！"

然而，总是筹措不到，一段时间后，依旧是分文没有。

张謇一连在上海奔走了两个多月，没有筹措到一分钱，他给那些老股东们发电报求援，然而，得不到一点回音。他急得火上墙，只想跳黄浦江，然而仍然什么办法也没有，就连回家的路费也用尽了，怎么办呢？没有办法，只好在报纸上登了个广告说他要在四马路当街卖字。一个状元当街卖字，自然是很稀奇的事，于是不少人们都来看，都来买。张謇卖了3天字，才有了回家的路费。

## 走出困境

只要不甘失败，坚持用心去努力，总会有办法的。张謇把全部身心都投入进他的厂子中了，此时，厂子就是他，他就是厂子，他和厂子是不分彼此的。

张謇硬撑着，最后，他终于想出了个好办法。其实这个办法最初也不是他想出来的，是他的助手沈敬夫想出来的。那一天，总是喜爱沉思不爱多说话的沈敬夫对他说："事情走到这一步，不如干脆来个破釜沉舟。"

张謇问他："如何破釜沉舟？"

他说："尽花纺纱，卖纱收花，更续周转。"

他说的意思是，将现有的棉花纺成纱，然后卖出去，再用卖的钱对棉花进行购买，然后纺成纱再卖，卖出后再买，如此循环。

张謇一怔，可仔细想想也只有这样，虽然棋险，可也说不定能走出一条路来。于是就决定照沈敬夫的办法做。

没想到天无绝人之路，这个办法果然可行。也就在这个月里，棉纱的市场行情突然好了起来。张謇将售价接连上调了数次，卖得依然很快。这样就使他们的纱厂活了起来，资金迅速扩展，不仅让纱厂的正常生产有了保证，且还有了一些结余。

如此，张謇的这一难关也就算过去了。

这一年，因为行情好，张謇的大生纱厂获 20 多万两白银之利。张謇不但没被困死，还使厂子出现了相当好的生机，想来也真是不容易！他曾苦涩道：

> 三载以来，謇之所以忍侮蒙讥，伍生平不伍之人，道生平不道之事，舌瘁而笔凋，昼惭而夜槭者，不知凡几。

是呀，为了渡过这个难关，作为创办人张謇的妻子连自己的首饰都卖掉了，后来办厂五六个，他的家人也从未在厂里支用过一点钱财。

渡过了危机，张謇就要对各方曾经帮助过自己的人表示感谢，他把厂里的一些上好的纱作为谢礼分送给大家。大家也衷心地为他高兴，也为自己曾经做过的事而高兴。他曾带着纱去看望两江总督刘坤一，棉纱是用红布捆扎着的，总共是两捆。张謇真诚地说：“为了感谢刘大人对大生纱厂的鼎力支持，特送大生生产的纱以作留念。”

刘坤一看了这些纱，心内也真是欢喜，说道：“行行行，这些年，季直真是不容易呀！我一定会为你记上一大功，上报朝廷。”

张謇也舒心地笑说：“为国富强，说什么自己吃苦呀，更休谈记功一事。不过这一难关总算是渡过去了。”

……

张謇借此喘息之机，对自己的纱厂仔细认真地做了一下整顿和调整。这也是为长远的发展考虑。从此以后，他事必躬亲，凡是厂内生产管理和别的重要事务，也要亲自过问。他很是重视“任人”、“花红”、“堵露”这三关。此后厂内的“执事”需选取熟手和性情勤谨品德素好的人来担任，并且一定要有明确的保荐人，写好保荐书，假设以后出现了经济上的失误，追及保荐人。这样，就避免了有人胡乱保荐的毛病。

此后，厂内各个车间、工种和某个地方需要多少人员，哪个人担任什么职务办什么事情，自张謇以下、各个董事们到下面最小的职员，均条例分明，有章可循，并将其书写下来，悬挂在各个地方，以便稽查。如此，便能做到过有罚，功有赏。

张謇还建议董事会从此广开言路，不能光听好话，奉承话。厂内无论什么人，如犯了错误，每个人都有检举权，不管是什么人提出什么建议，都要认真地去听取。好的建议随时采纳并给予提建议者奖励。不好的建议也不为过，不予追究。

张謇规定，厂内的工人根据工种不同，确定不同的工资标准，每个级别的管理人员，也全根据职事的大小合理地分配工资。之外，每一年的余利，除了提保险公债以外，分成十三股，其中十股归股东所有，剩下三股作为在事人花红。这个花红随着盈利的多少而升降。纱厂的盈利越多，各级执事的管理人员所得的收入也越多。

张謇厂子走顺了，但他还总是对厂内的人说：“永远不要忘记，我们的厂子是怎么建起来的，也永远不要忘记我们是到底为什么办厂。我们的国家很穷，被外国欺负着，所以永远不可奢侈浪费！要一定记着节俭!”

在大生纱厂内，除了专门从国外聘请过来的洋工程师比较特殊，可以住高楼、领高工资，吃专门的西餐以外，厂内的工作人员从上到下全部严格要求，即便是张謇也从不搞特殊，和大家一样。那些执事人员的饭菜标准均有所规定，要他们牢记国耻、牢记国难，为救国而奋斗！对下面的工人们也严格得很，要求他们每天工作在十二个小时以上，平时还要遵守三四百条厂规，一旦违犯便会扣发工资，有时还会进行体罚和予以关押。

张謇自己当然也是以身作则的，对自己要求不低于那些工人们，每天的工作时间也要比工人们时间长。在节俭上，在刚办厂时的那几年，他连工资也从没有领取过，出外为厂里办事也是千方百计地节俭，尽量不花钱，晚上能住在朋友家里就住在朋友家里。他总是对他的下属们说："就是一寸纸一尺线也不可以丢掉，应该好好地节约！"

他总是和手下的管理员们一起到各个车间里进行认真巡查，以便于随时防漏堵洞，一旦发现问题，马上进行解决。他总是不耐其烦地对厂里的员工们说："就我们大生纱厂的艰苦来说，也是别的厂所没有的，建厂之艰难都是大家知道的，每走一步都很不容易。我们并非是为一身一家之计，大家也都知道，我们是为了挽救这个贫穷的国家，为振兴中国的实业，所以，我们要不遗余力地去奋斗，即便是到最后真的失败了，也没有什么可以遗憾的。坚苦奋励，则虽败可成；侈怠任私，则虽成可败。无论是成是败，都并非是我们个人之荣辱，那是关乎我们国家的事，是人人有份的。希望我们大家都认真干好！"

## 乘势迅猛发展

由于有着明确的共同目标，大生纱厂走入正轨之后，大家齐心协力，充分利用当地丰富的资源优势和节俭而勤劳的作风，颇为有力地对洋货的输入给予了抵制，也给当地带来了一些经济上的收入。这样看来，张謇的实业救国之路也算是初见成效了，使过去对张謇办厂有成见的人也初见微光，不得不佩服张謇，对他点头称是，说："张四先生是个状元，在经商办厂上也非同一般!"有个开明的老士绅说："张謇虽然只是一个书生，然而，在办厂做生意上却有很大的胸襟与深远的眼光，是一个值得信赖的人呢!"

所以，张謇他们的干劲也更足了。

大生纱厂有张謇带领着，不仅干劲足，也都很有毅力，很有韧劲儿。不断地向前，不断地克服着艰难和险阻……

张謇看大生纱厂发展得差不多了，但他是不会只甘于此的，他本来的志向是要实业救国的，不但要壮大自己，把自己的实业做大做强，还要影响和带动一批有识之士加入办实业的队伍中来。在他的影响下，全国各地也在不断地涌现出开办实业要救国的人物。

张謇以这个好不容易建起来的大生纱厂作为基础，把这个厂里的盈利作为再生资金，又开始起办分厂——二厂和三厂。然后又用这些厂里赚来的钱进军其他领域，开办了上海大达外江轮船公司、天生港轮公司和资生冶厂等企业。张謇的实业救国梦在逐步实施着。这些实业的发展奠定了南通民族工商业经济发展的基石。

张謇的大生纱厂当初之所以能够走出困境并很快迅猛发展，不但得力于他和大生纱厂员工们的韧劲和实干精神，也得力于当时的世界经济大势。当时正是第一次世界大战的前后，那时候西方强国都正忙着在欧洲你死我活地争夺，也实在没时间顾及中国，很少向中国输入他们的洋纱，这就给了张謇他们一个很好的机会。这也是张謇善抓机会的一个方面。当然了，当时他不抓住这个机会，他刚办起来的纱厂也就完了，想当初，他无资金，不能周转，急得差一点跳水死去。

那时候，中国的纱价增长得很快，这高兴坏了张謇和他们大生纱厂的人们，他们迅猛出击，迅速占领市场，一本万利，很快成长壮大起来，进入了他们的黄金期。

1917 年，张謇他们的大生纱厂盈利七十万两。

1919 年，他们又净得二百六十三万两。

张謇胸怀的广大和眼界的高远决定了他实业的规模，他总是说："一个人办一县事，要有一省的眼光；办一省事，要有一国的眼光；办一国事，要有世界的眼光。"

张謇不是一般的商人，他是有头脑有思想的人，盈利越多，他的事业也就发展得越快。没用多长时间，他所办的各类实业便达到了近七十家，形成了庞大的集团，拥有三千四百万元的总资本。

1920 年至 1921 年，上海报纸每日都在刊登大生的股票行情，他们的股票是那时候市场上极为抢手的股票之一。

那时候，于各大银行以外，单是上赶着大生送空白往来摺的钱庄便有 105 家。如此让大生随便地透支，不用立任何的透支合同、不用银钱业支票。大生掌握现金最多的时候达到白银两三千万两，可以透支的款项也在白银五百至六百万两。大生借款给英商汇丰银行一次就是一千万两，借给日商正金银行一次就是白银五百万两。了解那年金融行情的人说："中国人不用存款的方式而用贷款的方式借给外商银行钱的，仅大生一家。"

在当时的世界工商界，张謇很具影响力。在张謇70岁大寿的时候，也就是1922年，许多国家的使节都来南通专门为老爷子祝寿。

## 经营纱厂的高明手段

说起张謇经营大生纱厂的高明手段，其实纱厂一开始投入生产，便面临着棉花原料市场与棉纱销售市场的激烈竞争。从以上环节当中可以看出，张謇采用的有效办法就是跟当地商界的著名人士保持紧密的联系，巧借他们的力量来收购原料和推销自己生产出来的纱。

那时候，南通每年的棉花产量大概是180多万担，然而，日资棉纺织企业也瞅准了这个，也来这里对棉花进行收购，这一切张謇自然都是很明白的，因此他在大生纱厂《厂约》一开始，便将日资纱厂到他们那个地方收购棉花的极其重要的问题亮明了，他为大生纱厂里建立了一整套的棉花收购系统。当中之一便是张謇自己设立的"门庄"。也有棉花商人和大生纱厂签订了合同用自己的钱对棉花进行收购的，他们从当中获得的是佣金，这便是"抄庄"。也有的是商人自己没那么多的钱，是张謇的大生纱厂为他们拿出一些钱替厂里下去对棉花进行收购的，这是"下庄"。

张謇为了从根本上解决原材料的供应问题，自1901年起，于垦牧公司上下功夫，先后创办了通海垦牧公司等一系列的农垦公司，来大力发展棉花的种植，确保大生纱厂原料的充足供应。

为了对新开垦地区的棉花收购进行有效管理，张謇又生妙招，建立了不少被称为“分庄”的辅助单位，这样的单位总数量相当的多，有23个。张謇建立的棉花收购系统，利用的是地利人和之优势，和对家乡棉农储花多少的准确预计，运用的是“人弃我取，人取我舍”的战略，在跟日本的厂家竞争当中节节获胜，从而购得了物超所值的好棉花。

张謇还对土布业市场极为关注。他的大生纱厂销售的主要对象就是他们本地的那些手工业织户，因此张謇把生产的重点放在了纺十二支纱上面。因为张謇是状元出身，他便以“魁星”作为他们大生纱厂的机纱商标。这个商标表明着他们大生纱厂永夺第一的信心，下面还设有“红魁”、“蓝魁”、“绿魁”、“金魁 ”、“彩魁”等不同产品线。张謇于通海地区组织了一批富裕的纱庄作为基本户，让他们对于销售大生纱厂生产的纱具备优先权。

股份制是大生纱厂的又一新特点。张謇和他的三哥还通过劝说和结成儿女亲家等办法跟通海地区关庄布大商人刘一山、章维善和沈敬夫等一些人建立了亲密的关系，让他们入股大生纱厂，并于门市收布的时候尽力向织户们推荐大生纱厂的机纱。

此外，张謇还非常注意跟本企业以外的商人们发展友好合作关系。比如跟地方上的钱庄共同为当地土布商人提供特别的信用贷款等等。大生纱厂的棉纱全都是通过开盘的方式向各个纱庄进行批发销售。

大生纱厂各厂，还于企业当中开有门市，但是在1913年之后便停止营业了，所有货物都按件批发给了纱庄。大生纱厂在股市上自己掌握开盘时间，一年当中只开四、五盘，并且全部选择于花纱价格对企业有利的时候才将纱放出厂去。

张謇办厂因为资金短缺，但是他还是因地制宜，探索出了一条节约交易成本的新路子，把交易行为内部化，即实行纵向一体化发展，组建跨行业跨部门的企业集团，把市场交易的一部分纳入企业集团的内部，用这个来增强自已的竞争实力。张謇因地制宜立足本地，运用纵向一体化的办法，往棉纺工业的上游和下游发展，还有个节约成本的好处就是能够降低由于不同地域流通而带来的厘金等税收盘剥，因此，张謇也让生产各个环节尽量在一个地方完成。

为了更有效地拓展上海等一些地方的市场营销业务，张謇在大生纱厂刚刚开建的时候便设立了驻沪账房。到了 1907 年的时候，张謇又把原来的驻沪账房提高了地位，变成了驻沪事务所，随着大生纱厂系统企业的持续增设，他们的资本系统也慢慢发展成为了具有多种联系的纽带和多角化经营的企业集团，驻沪事务所也发展成为了集团内部数十个企业掌握市场的行情、采办物料、批售产品、调剂头寸和接待来沪人员的多重机构。

张謇在大生纱厂所采取出的一系列措施，使大生纱厂发展很是迅速，步子也迈得越来越快，没有多长时间，便组建成了中国第一个民营的跨行业企业大集团。

特别是在企业管理上，是张之洞无论如何也难以相比的。张之洞总有些主观、盲目和反科学性。而张謇这方面就比张之洞强得多。他办什么事情都考虑得很周到，很细致。市场瞬息万变，而他总是察世情、观物情，还要求进出货董察岁收、权市价，经过对市场的精细调查，获得销纱的总数，作出自己厂家所出应在50%—60%的结论。他还利用自己在当地强大的影响力，把外地资本很容易地就挤出了通海地区，且通过政府获取了百里之内20年的专利特权。最先实施了把控制通海市场当成目的的发展战略。此种自最初便把市场当成出发点的经营办法，乃是资本主义的经营模式。企业的经营和管理是否有成效，最大程度地取决于有无完备的组织系统。在办厂之初，张謇就于他的《厂约》里明确地将厂中的内部事务根据它们的特点予以分类，且进行细致归纳，分作四个子系统：供销经营、生产加工、财会文牍和总务后勤。这四个系统分别设一董，进出货处与总务后勤增加帮董，张謇亲任总理，掌管大小事务。

张謇还通过制定规章制度来实现目标管理，他亲手制定了《厂约》，草拟的《厂章》为大生纱厂内的厂法厂规，里面所有的规定都十分严格。其中《厂约》是对经营管理人员发生作用，而《厂章》是对工人进行约束。《厂约》是6条规定，《厂章》是194条。可以说这样的规章制度，是相当完整和先进的。在当时整个中国也找不出第二家这样完整和先进的企业管理规章制度。张謇总是说：

> 艰苦奋励，则虽败可成，侈怠任私，则虽成可败。绳之以大义，执事百工与有责矣。(张謇《张謇全集》)

在人才的任用上，张謇和张之洞更是不同。张之洞搞企业，每办一事，必然是摆好大的官架，带领着手下各级管理人员，一齐上手，并驾齐驱，致使人多乱哄哄，凑热闹而不办事，只指望张之洞一人。而张謇不同，他从小一路走来不容易，加上他开始办厂的时候吃了很多苦，资金也来之不易，因此，他很注意用人，努力做到人尽其才，各有事做，不浪费一点人力。他办事一向从俭，出门办事能步行就步行，不能步行，便坐独轮小车，向来不会乘轿子。就是出外视察，经常也是坐牛车。这样的轻车简从，形成了他一生的办事风格。他始终反对兴师动众迎来送往，他数次去常熟和无锡给他的老师翁同龢、赵菊泉扫墓，沿路的官员听说后，都上车站或码头迎接，甚至举办欢迎仪式，但全被他一一谢绝。他每次都是悄悄入住，默无声息。

张謇亲自制订的《灶友专章》第一条规定：灶友下灶，雇有常车，不得乘轿，不特节费，亦防惰性。他的《书禀专章》规定：写信不用客套，只叙实事。张謇用这些改革措施来提高文风和办事效率。

对于高级管理人员的任用，他更是谨慎和严格。比如，管理进出口货董沈敬夫、厂工董高立卿和徐翔林，以及蒋书咸等人，全是张謇平时非常要好的朋友，也都为张謇办厂的前期出了很大力，做了很多事。像这样的人才，在张之洞那里根本就不会有，也找不到。

对于乡人和亲戚，他都同等看待，绝对不搞特殊化，不任人唯亲。也因为此，张謇创办的大生纱厂利润滚滚而来，自1899年起，至1913年，他的账面总盈利高达489万，公积是73万。大生纱厂于逐年增资发展的情况下，利润总是在20%上下，最高的时候达至30%以上。

在人事关系上，张謇规定，只要是工厂里的执事人员，一律都称为“先生”，不能沿用旧称呼“老爷”。这给人一种平等的感觉，从而拉近了上下之间的关系，使人们的干劲更足。

另外，张謇于原料供应和生产加工与产品销售等环节上，皆于极大程度上走上了良性循环的市场大道，且让张謇的事业扩大到教育和慈善等许多方面，形成了社会化大生产系统，极大地丰富了经营思想。使他成为了东西实业界的领袖人物，人们把他比作“中国的洛克菲勒”。

7

# 造福一方——一个这样的“资本家”

## 筹划垦牧公司

张謇实业救国，也很重视农业，因为中国本来就是以农业为本的国家，所谓的民以食为天，张謇曾著文说：

> 让溯三代，旁考四洲，凡有国家者，立国之本不在兵也，立国之本不在商也，在乎工与农，而农为尤要，盖农不生则工无所作，工不作则商无所琵，相因之势，理有固然。（张文君《实业之梦——张謇传》）

张謇将大生纱厂经营上路之后，就把目光投向了农业。苏北沿海，长江与古黄河泥沙大量冲积，令海滩面积不断地扩大。就说掘港，自北宋到嘉庆年间，海滩每年都在以 34 丈以上的速度向前淤进，最多的时候能够达到 135 丈。所以自启东海门到赣榆沿海皆有许许多多的荒地，很长时间以来，这里的一般居民就把煎盐当成一种主要的营生。另外，有时也从事垦殖和放牧的行业。随着海岸线的一天天推移，农垦事业的自然条件越来越好，越来越便利。自雍正初年至光绪中期，朝廷下令让当地的老百姓做开垦荒地的工作，还专门做出了规定：水田六年，旱田十年起科。

这是在鼓励老百姓要重视开垦荒地这项重要的工作。

朝廷早在 1895 年的时候，曾委派张謇去东海办“团练”，那时，他站在通海交界处的海滩之上，看着这大片的荒地，心中便涌动着一些想法，觉得面积这样大的一片荒地，荒着太可惜了，如此好的资源为什么不能好好地利用呢?

然而，根据那时的实际情况，张謇并未实施什么。如今，自己的厂子办起来了，也有经济实力了，于是，张謇又想到了这一问题。然而，更为直接的问题是，他如果在这些荒地上搞垦殖，能够对自己的大生纱厂给予棉花供应。

于是，张謇决定搞垦殖业。

当然做这些事情必须要经过当地的政府，与当地的政府商议，这些荒地虽然没有利用起来，可还是属于国家的，他没有擅自开垦的权力。

于是，他便去找两广总督刘坤一。在办大生纱厂的时候，刘坤一已经给予张謇很大的支持，这个老头年龄虽大，然而，很是有用，张謇很是信任和依赖他。

张謇把自己的想法给刘坤一一谈，刘坤一也很感兴趣，但他的脑子里对此还是模糊不清，跟不上张謇的思路。张謇也知道不可一日促就，需要慢慢地谈，于是就反复找他和他进行商讨，逐步地使刘坤一打开思路，慢慢明朗起来。如此，事情就逐步商定了。

张謇先是帮刘坤一代写了一篇《拟变通开垦海门荒滩奏略》，向朝廷呈报。

朝廷方面接到奏疏之后，因为这是有利于国家经济的大好事，并且也知道张謇大生纱厂办得不错，有相当的经济实力，因此很顺利地就给批准了，颁发圣旨让张謇承办此事。

这样，张謇在开垦海滩荒地这件事上，也有了光明正大的理由，可以大刀阔斧地干了。

1900 年，即光绪二十六年秋，张謇在通海交界处的吕四开始认真筹办“通海垦牧公司”。后来，在民国十年，张謇在牧乡高等小学演说时说：“垦收效迟，没有五年、十年、十五年、二十年，不会有什么成效；牧牛牧羊，只要有草，收效便会很快。以速代迟，能周转经济，这便是通海垦牧公司的由来。”

## 获取土地

朝廷的旨意颁发了，公司的名字也定了，接着便是汇聚资金，此时的张謇已经非刚起步办大生纱厂时候的张謇了。那时候的张謇不但没钱，而且没经验，对于经商办厂那真是一抹黑。而现在张謇什么都有了，办起来轻车熟路。

如今张謇办厂办公司，信任和支持他的人也多了，一听说他要兴办企业，那些有钱的士绅们像李审之、张云梯等都愿意出钱。所以，张謇很快就筹集到三十万两的资金。

有了这些钱，于是开始着手干起来。

那一天，天气晴好，风和日丽。就在这一天，张謇派的陆师学堂毕业生当中的优秀学生江导岷、章亮元和洪杰等一些人有的手里拿着，有的怀里抱着，有的肩膀上扛着各种仪器，从大生纱厂出发了，他们要去海边勘察测量，制订垦牧规划。由于要开辟新的战场，也为了自己的才华能够得以展现，这些人们也都阳光明媚，个个喜气洋洋，就像是列队娶新娘一样。这让沿路的人们见了很是羡慕和好奇，问说："干什么去呀？"答说："干什么去。"

一时间，那片海滩的荒地成了人们谈论的焦点，大家会面都会谈论到那片荒地将要被开垦的事。然而，那块地荒着也就荒着了，谁也没有想到它会如何如何，如今却有人来利用它发大财了，这使那些有发财梦想而无发财胆略又心里不纯正的人感觉心里不平衡了。不平衡了，怎么办？他们就会给张謇制造一些事端出来。

他们制造事端也是有光明正大的理由的。

说起来，这片荒地，产权也极为复杂，有营产、有学产、有民产、有灶产，名目真是很多很多，因此这些人要制造事端的话，理由是很充分的。而有本事闹事，有胆量闹事的人又往往都是些有点势力的蛮横的人。最令张謇头疼的是当地一个姓汪的盐运使，他们家在200年前就来到这里开办盐场，把角斜堤东一带烧盐的生产与运销尽皆垄断了去。在这200多年中，他们家在这里成了权霸一方的大财主，还掌握着盐民们的命运，自是骄横惯了。如今张謇要在此开荒种棉花，他们会甘心失去祖先留传下来的财富之源吗？于是，便仗着自己那点势力和小见识，硬是不肯把土地的所有权转让给张謇。那块荒地是他们的灶产，张謇一时也感觉很是棘手。张謇亲自上门交涉了几次，跟人家说好话，讲大道理，说为国家等等，可是人家就认准了那个挣钱无非为你自己这个死理，他们认为张謇只是打着为国家的幌子营私利而已。还说，我不管你是为国还是为私，反正这块地是我们家的，我们就是不让！任张謇这个状元磨破了嘴皮也毫无用处。那时候，盐运使汪家的家族主要代表人名叫汪门雨。这个汪门雨有个绰号叫“汪洋鬼子”。汪洋鬼子召集族中有声望的聪明人想了一个对付张謇的好计策。“汪洋鬼子”说：“他张謇自认为是个状元，还是奉旨办差，想怎么的就怎么的，没那么容易！今天把咱们一家子召集在一起就是要想个法子对付他张謇。”

由于关涉利益，都很上心，不愿张謇来此开垦。他们一家子绝大部分都积极献计献策。他们言言讲讲，好一番计议。然后汪洋鬼子汪门雨又对他们精密布置一番，让他们各自下去行动。

此为利益的相争，很是残酷的比拼，汪氏一门精心组织的抗垦斗争终于爆发了。

那时候，张謇在角斜堤东汤家灶这一带的开发代理人是李春霖，李春霖是很支持张謇开垦计划的革新派，每事都很尽心尽力。如此，汪氏一门就首先把矛头指向了他。

这一年的冬天，汪氏家族精心鼓动和组织了许多盐民，手里拿着刀子、斧子一起向李春霖家冲去，他们嘴里高声喊着：

“我们要草田！”

“我们要烧盐！”

“我们要吃饭！”

他们冲进李春霖家后，被汪家的人鼓动着，看见房子就烧、看见人扬起刀斧就砍。顿时，李家乱了套，遭了灾。大火呼呼燃烧着，李家很快便成了一片灰烬瓦砾，人也是死的死，伤的伤。李春霖事先得着信跳墙逃跑了，若不是这样，恐怕很难有什么好结果。李春霖去找张謇，然而，一切都来不及了。他又急又恨又惘然，一时不知道如何是好。回过头来，就又去找张謇，要张四先生出头为自己雪恨报此深仇。一向沉稳的张謇此时也是又急又气愤，想这汪家真是太过分，也太目无王法了！

汪洋鬼子汪门雨聪明反被聪明误，此大案一时震惊了全国，他本想以此来阻止张謇的垦殖计划，没想到，倒让自己陷进去了。在张謇的全力支持下，李春霖向官府递交了状子，告汪氏家族目无王法，聚众杀人放火。于是官府开始传汪门雨。汪家也是动用一切关系来打这场官司。此场官司打了长达一年多的时间，州、厅、部、省多次派官吏前来清查和调理。汪洋鬼子汪门雨家因为打这场官司，耗尽了钱财，还打输了官司。最后省衙作出判决，让汪氏家族赔偿李春霖家所有的损失，惩办肇事者，不准再次干涉垦殖计划，汪氏盐业向北迁移至琼港一带。

搬开了汪氏家族这个巨大的绊脚石，张謇的垦殖计划才得以顺利实施。

由于都是荒地，常年不用，因此价格也相当的低廉，不过这也算公平合理。还有的土地所有人根本就不在乎这块荒地，一分不要白白送给了张謇，因此，对于张謇来说，拿下这块地，投资非常少，这也更有利于将来公司的运营。

## 开工初见成效

张謇以相当低廉的价格把海滩荒地征收过来之后，在光绪二十六年正式成立了公司，开始开垦。本是一片兔跑鹰飞的乱草荒地，现在就要变成秀美的生金之地了，这也是大快人心之事。

张謇办这样的事，雷厉风行，可谓是干净利索，他广写招贴，招用当地许多精明强干的劳动力，很多都是这片荒地原来的权力持有人。他们来到这里成为张謇雇佣的人后，干劲很大，也很有兴致，他们都揣测着张謇是如何把这块蛮荒之地变成产金地的。张三根对李四驴说：“咱们这片没有用的地，多少年都一直荒着，张四先生真能有那么大的本事？”李四驴说：“那可说不来，咱们的张四先生是状元。”张三根说：“不是说状元就一定行了，主要是他办起的大生纱厂给人信心。也许张四先生还真有办法。”“是呀！”“是呀！”“那咱也跟着张四先生沾了光了。”“张四先生本来办公司办厂就是富强咱们大清国的。”

不说他们议论，只说张謇，他亲自动手拟写制订了《招佃章程》，并认真修改了七次，然后，向沿海各个村庄广为招贴，他不但只招那些精明强干的劳动力，还特别照顾那些生活极其贫困的人，使不少这样境况的人都来投奔张謇，由于感激张謇，他们干活也很卖力气，这里就成了他们的家，赖以生存的地方。

张謇实施的第一个首要工程是拦海筑堤。大家伙干劲很足，泥里水里地干，个个不怕脏，不怕累，两三千人不到一个月便完成了任务。张謇也很高兴，心说，以后一定好好干，不辜负这些人对自己的信任。可是没有想到的是，第二年的秋天，经过数次大风潮的洗礼，拦海筑堤彻底垮了，变得零零碎碎残破不堪。心疼得张謇几欲落泪。

不过，张謇不是只会站在那里长吁短叹的人。在这最为紧要的时候，他带领着江导岷等人，及时赶到了大堤上，该操锹的操锹，该堆土的堆土，该挑水的挑水，迅速出击，加紧修复赶工。他们不分昼夜地干，把浑身的劲儿都使了出来。不管下多大雨也不停歇，汗水、泥水、雨水混在一起，把他们整个都给糊了起来。有时被碰伤了，还混合着血水。可是他们谁都不觉得这有多苦，有多累。他们都把这个公司当成自己的了，公司的事情，也就是他们的事情，如果公司完了，他们也就失去了饭碗，甚至是流离失所，仍旧过着衣食无着，到处流浪的生活。

张謇，也总是身现第一线，在最险工段巡查，指挥和调拨抢堵物资。他总是急急火火地穿梭在芦苇丛中，哪里急往哪里去。他的辛苦之状也是显而易见的。即便是进城到了其他地方，他心里也总是装着这件事，一遇风吹草动，即马上挺身而起，像要出兵打仗一样，常常是一夜难以合一下眼。

张謇实施的第二个工程是开河、造闸、筑路、修桥和盖屋等一系列配套工程。

张謇以资本主义大农业的方式进行统一的规划，于方圆二百里范围内，格局整齐划一，桥、堤、路、闸等各施适其所。当中建成了八条堤，首先是建成外堤、里堤、次里堤三大层次。各层次区间再分作格堤。堤长是三万六千多丈，隔作八个区域：第一个区域做牧场，第七个做垦区，依次第按顺序相称。

在水利方面，张謇专门请来了荷兰的工程师进行规划和设计，建造成了三座大闸，开凿五条河流，宽的有十丈，窄的有五丈。沿堤长三万六千多丈，都是六尺深浅。支渠四丈宽，五尺深，如此，可得91.761亩纯耕地，以百亩为界，一界分成五轭，一轭20亩。修建169座大桥，257座小桥，75条涵洞。沿堤或槐界各依照统一的标准筑有大道，纵横相交，条条大道皆平直伸延，大道两边栽有槐柏或是冬青树、银杏树和株柏等树木，风景优美，蔚为壮观。

垦牧公司设于二堤以内，每个区也都设有分属机构，上下之间对于加强管理很有好处。

张謇实施的第三项工程就是开荒种植。他们研究制定了很好的“招佃”方案，也就是到了收花的季节，双方达成协议，公司收40%，让佃户收60%，春熟一亩地需向公司交纳一角五分的小洋。

张謇还亲自前往棉垦区对美国产的优良棉花种子进行推广。那时候的人民最爱种植本地的棉花，也就是通棉，总感觉从外国引进来的洋玩艺儿靠不住，说：“他们外国人都不是好东西，他们就会坑咱们中国人。引进他们的种子会不会不出苗?”“都是朝天果，一下雨便会被雨水泡烂，不能种植的。”

有了这样的想法，佃农们自然不愿意种植洋苗，还是种植自己的老种子。

张謇招集公司高层专门商量这个事情，最后研究决定，和棉农们进行签约，根据预计，如果从国外引进来的洋棉花产量没有本地的通棉高，便按照本地的通棉来计价；如果比本地的通棉产量高，就根据洋棉花的实际产量计价；垦牧公司对棉农们也有一个必须遵守的要求，就是把所有生产出来的棉花卖给张謇的垦牧公司。不能擅自转卖给别人或别的单位。

这一下，那些内心摇曳不定的棉农们心里踏实了，可以放心大胆地种了。他们觉得张謇对他们真是太好了，他们非常信赖张謇。

由此，也吸引了很多很多棉农来投佃。种棉花的佃农一下子剧增至五千户之多。

这些种棉花的佃农都非常的勤劳，荒地里本来是杂草丛生，乱七八糟，也正因如此，才使得土地非常肥沃，很适宜种植棉花，他们听从张謇的指挥一点点地进行清理，填坑铲丘，拔除杂草，去除荆棘，干得一丝不苟。

每到农作物生长旺盛的夏季，这片荒地，就会满是绿茵，枝繁叶茂，让人充满了丰收的希望。至晚秋季节，大团大团的棉花，就像是洁白的银子结满了枝头，又像是白云朵朵盛开，看到这样的景象，即使再忧愁的人，也充满了喜悦，充满了自豪感……

好地产好棉，没过多少年，垦牧公司收入便相当丰厚了。到1910年前后，一年便能够获得两万多担上佳的纯棉花。

## 垦牧的壮大和延伸

张謇的垦牧公司越办越红火，规模越来越大，他非常重视垦牧行业，因此干此行业也非常的用心和卖力。他曾在文章里写道：

> 中国古圣人之功，莫大于平水土教稼穑。必水土平而后稼穑兴，必稼穑兴而后衣食足。西人亦言人生要素为衣食住。衣食住之源在农，古之赖农以给衣食者惟丝与麻，

棉之兴不及千年，其用乃弥普遍而弥广大。其给食赖五谷，而稻麦之用通古今中外……既为人生所需之至重，即为世界实业之至大。（南通市港闸区实验小学《学校创始人张謇先生生平》）

看来他确实把垦牧行业看成是极为重要的一项行业，他总是把能为国家做事看成是自己的使命所在，自己的天职，常常为此感到欣慰和自豪，他渴望祖国的富强，使那些西方列强不敢小觑。在这项有利于国家富强的事业中，他越做越有兴趣，越做兴味越浓，每战胜一次困难，每取得一次成绩，他都会相当的欣慰，他曾经集庄子和韩愈的美文佳句道：

庄周以至人自居，乃谓游逍遥之墟、食苟简之田，立不贷之国；

韩愈为天下所笑，独将就国家之事、耕宽闲之野，钓寂寞之滨。

通海垦牧公司，张謇办得很成功，在此基础上，他又进行拓展，在其他地方进行开垦，沿吕四往北一直到陈家港，大兴垦殖行业。

1914 年，办起了大有晋公司。

1916 年，办起了大豫公司。

1917 年，成立了大赉公司。

1918 年，成立了话成公司。

1919 年，成立了大丰公司、大纲公司和阜余公司。

1920 年，中孚公司、遂济公司、通遂公司、大佑公司、通兴公司、合德公司、新南公司等先后成立。

前前后后，他一共成立了21个公司，遍及江苏沿海各地。这些公司投资多的超过百万元，少的数十万元，垦地数十万亩，开垦荒地总数有一百多万亩，哪一年的产量都在二十万石上下。张謇的所有开垦计划虽然因为欠人家帐太多，没有能够完全实现，然而对于纺织原料也的的确确是起到了极大的作用。

一条龙的综合开发，自原料生产至加工和外运，说明张謇的的确确是一位气魄宏大的实业家。也令他的“棉铁主义”有了实现的基础。张謇将他的状元之才用于公司的运营和管理，这些公司为了让远利和近利结合在一起，开展了多种经营。拿大豫公司1924年前后的统计来说，籽棉产量是十六万担，豆、麦和玉米的年产量是2.2万担，盐产量是20万担、织布机1400台、蜂群60箱、500只猪、500头牛、羊600只、10000只鸡鸭。这不但让寂寞荒凉的海滨发生巨变，还很快出现了一派欣欣向荣的新气象，也给将来的繁荣和发展打下了扎实的经济基础。张謇为了让这块海滩荒地变成更为丰厚的产金地，他又把目光投向了文化教育和人才的培养上。他想，应当让200户拥有一所小学，计划在十年之内完成对小学教育的普及。在他的心中，已经有了师资资源的计划。

张謇的实业随着他的韧劲不断向前发展，资本不断地积累，越积累越是雄厚。为了很好地利用纱厂的棉籽、下脚、飞花和剩余动力，很快他又在唐闸创建了广生油厂、复新面粉厂、资生冶厂等企业，逐步形成了唐闸镇工业区。同时，张謇为了增加产品的附加值、方便器材的维修和货物的运输，又在唐闸西边沿江的地方建起了一个天生港口，开办了染织工业、冶铁业、机器制造业、轮船运输业等。后来，为了解决棉纺工业等动力之需，又建起了发电厂，又在城镇之间修筑了公路，让天生港慢慢成为了那时候南通的重要长江港口。

19 世纪末期，近代经纺工业的出现，让南通的城市功能从交换为主，变成了生产为主，南通这个原来并不起眼的小地方成为了我国早期民族资本主义的工业基地之一。

## 为后备人才而生办学意向

张謇开办了这么长时间的企业，很快觉出人才的不足，人才不足，企业也就很难有持续的发展。而且技术也在不断地发展，若人才后备不足，不是企业停滞不前，便是逐渐地落后，导致被淘汰。有一次，他和张之洞在一起的时候，也谈到这个问题。张之洞也深思地说：“是呀，我早在考虑这个问题，必须要加强我们的技术后备军，建立我们自己的人才队伍。”

张謇说：“那我们就应当赶紧培养我们自己的人才队伍，开办学校，这是最好的方法。”

张之洞很赞成，说：“这个办法是最好的办法。”

于是，张謇便开始计划筹办自己的学校。对于人才的培养，此时的他有着自己一套独立的思考路子。他上半生都是在科举之路上艰难地跋涉，他深感传统的官方教育方法的弊端，他放眼世界，看那些发达强国的教育，便逐渐领悟到了一些真的东西。必须要对中国的教育进行改革，对人才重新培养。

这样，他便决心开办学堂对人才进行培养，从而辅助自己实业的发展。

张謇当时说开民智、明公理，舍教育何由？指明人人都知道外洋各国的强大是因为军队，却不知道外洋强大是因为知识，强调国家强大是因为人才，而人才都出自学校。不民胡国，不智胡民，不学胡志，不师胡学。他认为想使国家强大，不再受列强的欺负，没有学问没有知识，也就根本没有资格谈这些事。懂文明，有知识的国家，即使一时落败了，也一定会复兴起来。

自从签订《马关条约》以后，张謇就深层次地对世界的形势予以审查，坚定地认为若不普及教育就一定会有亡国的危险。而普及的根本又在于师资的培养，也就是创办师范教育。他曾在文章中说：

> 端其基础，首在正蒙，小学是教育之母，师范又是小学之母。（张謇《变法评议》）

然而，他在此基础上，又多次指出说：

> 欲教育普及国民而不求师，则无导。故立学校，须从小学始，尤须先从师范始。（张謇《变法评议》）

张謇拿定主意之后，便开始着手对此事进行办理。

光绪二十八年，也就是1902年，张謇开始向地方政府两江总督刘坤一与南通地方官员陈说自己想开办师范学校的想法，还向他们递呈了办学的宗旨与大致规划等项内容的条陈。对于此事，刘坤一很赞成，而地方政府的其他官员却不容易通过，意见难以达成一致。藩司吴重熹、巡道徐树钧和盐道胡延，异口同声地说：“怎么可以呢，科举选拔人才是千百万年留下来的老规矩，怎么能轻易改掉呢？你张謇不也是从科举之路走出来的吗？”

他们还说：“在别的事上，中国不如人家，何至于读书也效仿人家呢?”

如此，自然不会同意张謇的办学路子。虽然得不到官府的支持，张謇毅然思想坚定，还是要办学堂。他的好朋友沈爕钧十分支持他，也非常热心地资助于他。这使他心中大为欣慰，想到自己经营大生纱厂五年，连本带息应得的未支公费已经有两万多元，再加上别人资助的，可以说，在财力方面已经不成问题了，完全可以不依靠官府来独立办学。

张謇想到这里，和手下人一商议，便开始着手筹办通州师范学校。他让人去请罗振玉和沙元炳二人，共同商议此事。

他们在一起讨论了办学的各项校规章程，对召集生徒、教习考核、生活管理等项也进行了讨论，把中国传统方法与西洋经验熔于一炉，并拟定出了详细的条文。然后他们约定时间去勘察校址，最后几人又一致通过在甬门外的千佛寺建立校址。

千佛寺是明朝万历二十六年由高僧顺庵修建的一座寺院，如今已经有三百多年的历史了。由于年代太过久远，又无人管理和修复，屋舍殿院已经残破不堪。前面的殿宇毁于一场火灾，变成了一堆瓦砾。如今仅剩下后二进及旁院，内里原住着一个爱吸食大烟的无状穷和尚。为了吸食大烟，他将殿院的门窗、阶石和铜神像也给卖了……

经过认真勘察，这里头靠濠河，脸朝开阔的大江水面，地势豁朗，的确是读书做学问的好地方。于是，便决定在此建校。

旁院里的老和尚，张謇把他请出来居住，妥善安排到了离此不远的一家寺庙。那老和尚起初不愿意，说什么也不愿出去，说这是他的修身之所，还说一个有道的僧人，是不能将这样的地方拱手相让的。说得张謇派去之人，既恨他，又笑他。他知道张謇是办大事之人，就和张謇派去之人谈条件，企图让张謇能够多给他一些让他享福的好条件。张謇也慷慨，只要不是太过分，都一概答应他。尽管如此，还是经过几次，才把他请出了这个院落。

把那老和尚请出寺院之后，张謇又赎回了被老和尚典卖出去的土地和杂物等许多庙产。又让人查访老和尚所卖寺院的门窗、石阶和铜神像的去处，设法把这些东西全部赎了回来给老和尚送去。然后就对寺院尽皆拆除……

## 通州师范学校的成立

张謇虽是个封建时代的状元，一直学习中国封建传统文化，然而，他从来不信神不信鬼，他相信的是人自己，如果信那玩意儿能够富强中国，那中国早就富强了，洋人还会打过来吗？于是将千佛寺尽皆拆除之时，他就把寺里剩下的泥塑佛像等全扔了出来。那些神像们被拆寺的人扔得到处都是，这里一条腿，那里一支胳膊，头在另一处。然后，把这些没用的东西全部集中起来，扔到了河内。

要知道，佛和神在封建时代是完全统治着人的思想意识的。张謇此举在社会上引起了不小的轰动，来观者甚众。人们心情复杂，各种各样的说法都有，一个说："张四先生把这些佛像扔出来，是不是会得罪佛祖?"

另一个说："张四先生是状元，也是天上的星宿，他是不怕得罪这些佛的。"

旁边又一人说："张四先生是办学堂，要我们国家富强，佛祖是不会降罪的。”

都说：“是啊，是啊，佛祖神灵不但不会降罪，还会保佑呢！”

在主殿里搬掉如来神像的时候，由于佛像太大、太沉，好几个人一起上去，都抬不动。张謇在一旁看了，心里着急，忍不住亲自上去，一二三，齐用力。没想到，这尊佛像就差张謇这一把力。张謇一上去，就说：“佛祖呀，你就动一动吧！”

事后，都说佛祖是怕张謇这个状元。不管怎样，反正张謇这一声喊，佛祖就动了三动。张謇又大喊一声：“一二三！”

一齐用力，佛祖整个身子都动了起来。大家换了一口气，张謇又大声喊：“一二三！”

这声喊，振聋发聩，只听“轰！”的一声，佛祖之像，便犹如山崩地裂似的骤然倒塌了。

扳倒了如来佛，人们信心更足了，他们心中想：如来佛都扳倒了，其他的神还可怕吗？看来还是状元道行高，连佛祖都怕他！

在此基础上，张謇改建起了一批新的房屋，让他们彻底变成了一个占地四十一亩，可以容纳三百多人的新型学堂。

次年的春季，学堂的房屋将要建成的时候，张謇开始网罗人才，广求名师。特别要说的是，国学大师王国维先生也被张謇聘请了来，任国学和教育学的课程。王国维早就关注着张謇的事情，也是欣然赴任。张謇又聘来了日本国的西谷虎二和木村忠治郎等一些人来教授伦理学和西洋史等学科。

张謇这个师范大学堂建成的第一年，招收了三年制的本科学生和一年制的讲习所各一个班，学生都是由贡生和监生当中选取品行皆好、文理都非常优良的人。

一切就绪，决定在4 月1 日开始正式授课。

张謇办这个学堂是非常慎重认真的。他很重视人才的培养，不但在办学的问题上很重视，只要是学校的事情，张謇都要一一亲自过问，可以说是事无巨细。开学的前一天晚上，张謇手举蜡烛和分管庶务的宋先生在学生寝室的外边一一细致地察看，看见一处门牌没有订结实，他就亲自拿着锤子把这个门牌叮叮叮咣咣敲结实。然后，又对厨房与厕所进行查看。一旦发现有不妥的地方，便会立即亲手纠正过来，或者是亲自布置人去实施。他对学校里的相关人员说："办学堂，应当首先要注意这两个地方的卫生。看学堂，应看这两处是否卫生。"

张謇经过大礼堂的前面，上面写着：

> 极东西万国推崇为教育大家，先圣亦云：吾学不厌，诲不倦；合周秦诸子受裁于狂狷一体，后生有志：各遵所闻，行所知。

这是他亲手所提，是对全体师生进行勉励的。他站在此处看了好长时间，沉思不语。

次日是开学的第一天。担任学校总理的张謇心情自然很是激动，这对他来说是一个新的领域，又是一个并不陌生的领域。说新的领域是因为以前只是开工厂，从没有办过学；说并不陌生的领域是张謇本身就是一个大学者，一个学问家，自然对学堂和教授学问是不陌生的。

张謇严肃认真地整了整衣帽，在开学典礼上做了长篇讲演，他讲了办学的宗旨和方针，勉励全体师生共同努力。他那缓慢、沉着而又坚定的语气，句句都是肺腑之言，使多少有识之士为之感动：

以我中国黄帝尧舜神明之胄，退化不振，猥处人下，至有以奴隶目我者，诸君以为可耻否乎？……诸君诸君，须是将“天下一家，中国一人”，“民吾同胞，物吾与也”之道理，人人心中，各自理会。须是将先知觉后知、先觉觉后觉之责任，人人担起。肯理会，肯担起，自然不惮烦琐，不成意气，成己成物，一以贯之。……人皆可以为尧舜……诸君开拓胸襟，立定志愿……进德之积分，则不在与世界腐败之人争闲气，而力求与古今上下圣贤豪杰争志气……国耻雪，则各国不得不视我以平等，而国家得自由。此则大自由也！

就是这样，中国第一个师范学校——通州师范学校建立起来了。

## 教学之方

学校建立起来了，那么如何培养人才呢？张謇心中已经有数了，救国自然是首要。因此，张謇强调的是“立志”，他恳切地对学校里的老师和管理人员说：

诸贤当念国家来日之大难，力图教育根本之至计，必有精进不已之心，然后能成物；必有恢宏无外之量，然后能集忠，毋以已至而安于自足，毋以自小而局于一隅！（南通市港闸实验小学《学校创始人张謇先生生平》）

在通州学堂传授知识方面，国文是张謇专门作出强调的。对于国文教师的延聘，张謇很重视，把关也很严，不是名副其实的名流名家，张謇绝对不会延聘。他坚信，没有好的老师，就一定不会有好的学生，也绝对不会培养出真正的人才。对于学生的录用，自然也都是以品学为标准的，而这个标准也主要是以作文为主。作文基本体现着一个学生综合素质的高低。因此，张謇在学校的日常教学当中对于作文抓得很紧。除了课堂知识的传授以外，还专门指定学生在课外的时候，要细心地对《曾文正公家书》进行阅读。让学生钻研辞章义理，并进行系统的指导。这样的目的就是让学生们打下坚实的国文底子。

张謇最为重视的是学生的品德培养。张謇很清楚，一个人就是学问再好，如果没有良好的品质，那他的学问也是对社会无益的。

在办学的第一天，张謇便提出以“忠实不欺、坚苦自立”为宗旨，注重培养学生独立自主的人格、国格，反对屈从和依附的奴隶思想，要求下一代具有振兴华夏的大丈夫气和朴素踏实的作风，他曾经再三强调一个“俭”字，他说：“不能小看这个俭字，一般人瞧不起这个字眼，然而，这个字的作用确实太大了。它能够养高尚之节，能够立实业之本，能够广教育之施。”

张謇希望大家能够遵循这条校训，建立独特的学习风气。他对于宋朝的教育家胡瑗非常崇拜，曾在文章里多次说过：

> 昔胡安定（胡瑗）弟子，散而之四方，见者不问知其人为胡安定弟子，学者相语称先生，不问而知其所指为胡安定。而我校诸生毕业后所至，能有坚苦自立忠实

不欺之精神，是人人一望而知为是从通州师范学校来者，则下走之所深望也！（南通市港闸实验小学《学校创始人张謇先生生平》）

张謇根据自己的实践经验，在办学方面，很重视书本知识和实践相结合，他总是坚持：

学问兼理论并阅历乃成，一面研究，一面践履，正求学问补不足之法。（南通市港闸实验小学《学校创始人张謇先生生平》）

与此同时，张謇的南通师范学校还提倡“军国军民”教育，弄来了一百多支步枪，于学校内实行“兵式操”。除了平时进行有计划的军事训练，还按一定的时间去军山进行实弹演习，力求让学生紧密地结合实践，懂文会武，下大力气避免学生只会书本知识，而无实际能力的现象。张謇还严格要求学生于实践当中自小事着手，他总是说：

功不必期其速，事不可遗其小……事贵有恒。（南通市港闸实验小学《学校创始人张謇先生生平》）

另外，张謇还对学生的督促管理非常重视。学校的各项规章制度他都亲自主持制订，要求细致入微。为了使这些制度更能深入人心，尽可能地让通州师范学校每事皆不失礼法，每一个细微的地方，都尽可能地注意到、关注到，做好切实可行，他将这些规章制度特地在上海的一家出版社进行出版，印制成册，以便很好地贯彻执行和流传。

张謇要求学堂的老师对学生很好地给予拘束，绝对不可放任自流。他说：

> 以教为育，即干涉，而并不时放任。放任，是野蛮的事，干涉，是文明的事。（南通市港闸实验小学《学校创始人张謇先生生平》）

张謇在此基础上，进一步提出：

> 范者，法也模也，学为人师，而不可不法不模……校章者，管理法也。鉴理能行，诸生能守，是为师范之正轨。（南通市港闸实验小学《学校创始人张謇先生生平》）

他又说：

> 凡教之道以严为轨，凡学之道以静为轨。（南通市港闸实验小学《学校创始人张謇先生生平》）

张謇要求学生集中精力好好学习，同时还要加强自觉性，为将来打下坚实的基础。他说："今日能行，异日能守，是为师范之结果。"

对于这个师范学校，张謇真是煞费心血，凡是校务上比较大的事情，他皆会亲自过问，在办学经费上尤其重视，从来都是足足地供应，教师薪金优厚，使他们能够更好地发挥作用。

凡是开学和放假，只要他在南通，都会到师范学校亲自为学生做演讲进行训导。每当学生毕业时，在典礼大会上，他总是站在台上一一点着他们的名字，为他们亲自发放毕业证书，极其地郑重。他总是说：

> 家可毁，不可败师范。（张謇纪念馆网《探访张謇纪念馆》）

可见张謇对于师范学堂寄予着多么大的厚望……为了办好学，做好事，真正留住人才，他也自觉接受了别人对自己的监督。

张謇有个名叫黄士高的常乐镇的老乡和同学，他以前是张府的门馆，为人忠诚老实，很能记诗，能够将《康熙字典》背下来，另外，他还有一个强项，那就是写方块字，他能将字写得跟铅字一模一样。为此，张謇也很佩服他，总是赞他为“两脚书橱活字典”。因此，张謇喜欢让他誊写校对函电和公文。之后，张謇让他转入南通师范当了老师，并任舍监。

黄士高做事也十分的严肃认真。有一天，张謇去师范学校视察，了解情况。由于事情繁冗，几名老师给张謇汇报工作，到熄灯的时间了还没有熄灯。这时候，黄士高进来了，伸手将灯就熄灭了。几名老师正在惊讶，黄士高就在黑暗中对张謇说道：“这个熄灯的制度是您亲自制订的，如果您自己不遵守，那下边的人谁还听呢？”

于是，张謇就此宣布汇报结束，让几名老师都回去了，明天再说。归途中，几名老师都深怪黄士高太死板、固执、没礼貌，连张总理他也敢……

这学期结束的时候，根据以往的惯例要开会对教师和所任的课时进行调整。在会上，大家还记着那一晚上黄士高熄灯的事，不少人都认为他不知变通，不懂人情世故，和这样的人很难相处，最为重要的是他不尊重张总理，便要求不再任用黄士高。张謇认真听了大家的意见，很镇静地笑着说：“虽然黄士高老师在为人方面不能圆通活变，显得呆板，可是这也显现了他的优点，那就是对工作尽心尽责，这也是大家应当学习的地方，取其长补其短。再说了，学校的制度既然已经定了，不管是学生、老师，还是总理，都应当一样遵守。”

一席话，大家都不吭声了，黄士高也没有被辞掉，照样留用。

## 在教育上的辉煌成果

南通师范学校的开办成功，鼓舞了张謇的斗志，也吸取了不少成功的经验及教训。紧接着他又办起了南通女子师范学校、甲种师范讲习所、乙种小学教员讲习所、盲哑师范传习所、东台母里师范学校等。由他所提倡或资助而创办起来的还有两淮师范、龙门师范、金陵高等师范等多所学校，对全国影响都很大。

不少进步的知识分子，于此新形式的推动下，也纷纷对张謇的私人办学进行效仿。像翰林沙元炳也建立起了私立如皋师范，并且他们也总是像张謇一样，把佛像砸掉，把庙宇变成为学堂。中国呈现出一派学习和蔑视封建迷信，务实求进的富有生气的新气象。

与此同时，张謇也向朝廷上书，请求于全国范围内废除科举，开办学堂。在他的强烈要求和呼吁下，终于在一年之后，湖北和江苏先后建立起了官办的师范学堂。

这也是张謇对中国教育的又一大贡献。

张謇的师范教育造就了中国由正规院校培训出来的第一批师资队伍。张謇在此基础上，又因势利导，开始抓起了普及教育，进一步推进实业与实施他的村落主义培养人才。他执行的方法主要是抓住两点，首先是学堂的布局，其次是学堂的管理。张謇打算于农村每十六平方里范围内，开办一家初级小学。南通总共是八千平方里，张謇想要开办五百所这样的初级小学。按步骤一步一步地进行。用不了多少年，教育之网就能够形成。为了开办与管理的方便，他认为规模不能太大，应当精于机构。他的方案是，一所初级学堂任命一名总理，也就是校长；任命两到四名教习，任命监班、司收支和司图书仪器各一人或者是增一名司书记；对于教师，按照他的教学成绩之良莠分别授予国子监丞、博士、学正、助教等名义，让他们的职务和名称相符；对于中师或高师毕业的学生，授予贡生、举人或者是进士的称号。

张謇还不以此为满足，觉得只给这些名位还远远不够，这些仅仅是虚名而已，应当名副其实才对。那就应当加俸禄，还应当给予必要的经济优惠与人格上的尊重。

没过多长时间，通州城的郊区诞生了一批小学，市内还建立起了幼稚园、中学与十多种职业学堂，特别是纺织、农业与医校最为有名望。到了后来，这三所学堂扩大成专科，到了1920年，这三所学堂合并为南通大学。

另外，张謇为了提高全民的文化素质，还创办了盲哑学校、伶工学社和别的公共文化事业。他还支援外地，帮助人家开办了吴淞商船学校、吴淞中国公学、复旦学院、扬州两淮等小学和中学、南京河海工程学校等多所学校，不过，其中心还是在南通，就连山西、甘肃、江西、安徽、陕西等地的学子也去南通上学。那时候，民间传唱着一句民谣：

淮南只有狼山高，

兴学只有狼山早。

如此，张謇在社会上的名望更加高了，也受到了朝廷上的看重。在朝中的大臣中间，对于张謇一片赞扬之声，没有说个不字的。即便是当初对张謇有意见，认为张謇是打着救国旗号中饱私囊的人们也彻底改变了看法。总之，是一片赞扬之声。

大清朝廷于 1904 年晋升张謇为三品顶戴。到 1911 年，经学部上奏，任命他为中央教育会会长。辛亥革命以后，孙中山先生的南京政府对张謇也给予了非常高的评价，他说："通州师范的开办和整个南通教育事业的兴起，开全国之先河。"

张謇开办的通州师范学堂，学生遍及全国各地和南洋诸岛，不但为他办厂办实业补充了人才队伍，也为中国和民族培养出了许许多多的有用人才，对当时的中国来说，他的思想是多么的先进，对中国这个国家来说是多么的及时。

总的来说，在近代，张謇为中国的教育事业贡献是不可估量的，他不愧是一代杰出的教育家。

## 女红传习所

张謇办学成功了，也有了富足的经验，慢慢地他的办学路子也就放宽了。他的办学不再仅仅局限于只为他的实业服务，他将眼光投入到了提高人民素质上来了。为此，他又创办了女红传习所、怜工学社等多种教育机构，以适应社会上对特殊技艺方面的需要。

张謇认为富强中国人人有责，妇女小孩也不例外。他为了让通州女子有一种自己求生存的本领，也让刺绣大师沈寿的技艺能够传承下去，专门创办了一所学校——女红传习所。

1914 年，张謇创办的南通县女红传习所举办开学典礼大会。此所学校，张謇和他的哥哥张詧担任董事，又从天津聘来了被世人誉为“绣圣”的沈寿任该所的所长。沈立、金静芬、施宗淑和沈粹缤等人也被沈寿先生邀来担任学校的教员。传习所先后借用南通女师附小、图书馆等地方进行刺绣方面的招生。

1916 年，张謇将南濠北岸，长桥西侧的校舍建成。在八月份的时候，传习所全部学生和教职员工都搬了进去。

刚开始的时候，传习所初期的学生只有 67 名，后来，前前后后进行了 15 次招生，总共培养了 300 多名学员。传习所的常年经费为 4800 元，都由张謇一个人来支付。

张謇很爱惜人才，对校长沈寿的绣艺非常的敬重和赏识。他把自己的“濠阳小筑”都让出了一半，请沈寿来居住。

女红传习所有三种学制，一种是普通班，也就是刺绣普通兼字、画，叫做乙班，学制是两年；第二种是中级班，也就是刺绣美术班，叫做甲班，学制是四年；第三种是高级班，刺绣研究班，也叫做本科班，学制是五年，所招学生，除了南通地区以外，还有来自杭州、湖南、安徽、广东一些地方的学生。这些学生的出身来自各类家庭，文化程度差别很大，年龄上也很不一样。最小的才十四五岁，最大的五十上下。婚姻上，有结过婚的，也有没结过婚的。

女红讲习所开办的学习科目因科班不同而有所不同。高级班有刺绣、国文、书法、图画、音乐、体育等等，主要是刺绣，每日需要学习六个钟头左右。头一年，主要是打基础；次年是学习花卉、翎毛；第三年是学习山水；第四年学习古装仕女、油画；最后一年学习肖像。

有些学生的作品达到了很高的水准，特别是第一届高级班毕业的王坚、刘采繁、宋冯、宋金龄等九人，水平尤其高，张謇看了，赞不绝口，说："这样的作品，已经超过了前人了，真是不容易！"

沈寿老师在艺术专业上非常的好，又勤于学习，自身涵养也非常的好，那真是怒不露在脸上，有了怨气也从不说出来。学生很尊敬她。她传授学生的针法有十八种之多，当中的散套针法是她的最新发明。

沈寿老师在艺术上最强调的是"审势"、"配色"、"求光"、"肖神"，将西洋的绘画和摄影跟中国传统的刺绣艺术融成一个整体，达到了平、顺、和、细、密、亮的至高效果，让通绣以它特有的艺术专长在绣苑当中独放异彩。张謇看沈寿的作品形象逼真，惟妙惟肖，随口吟出一联来送沈寿：

绣段报之青玉案，明珠系在红罗襦。

之后，他视沈寿的作品，多次作诗，比如这首七绝诗：

记取谦亭摄影时，柳枝婉转绾杨枝。

不因着眼帘波影，东鲽西鹣哪得知？

杨枝丝断柳枝长，旋绾旋开亦可伤。

**要合一池烟水气，长长短短覆鸳鸯。**

1920年，也就是传习所开办之后的第七个年头，由于已经培养出了大量的人才，绣品也增多了，为了打开广阔的销路，张謇又决定成立绣织局。请沈寿担任局长，以南通作为总局。在上海的九江路22号设有“福寿公司”，作为绣织局的运输机关。

与此同时，张謇也在美国纽约城第五街建立起了南通绣织局纽约分局，专一从事各类绣品的对美销售工作。

另外，张謇还于瑞士和意大利等国家和地区建立起了销售点，让南通刺绣的技艺于世界上放出辉煌的异彩。

沈寿于1921年患病去世，她的姐姐沈立接替她担任了所长。

可以说，张謇创办的女红传习所给南通刺绣的历史写下了光辉的一页，也给南通刺绣工艺之发展奠定了牢实的基础，开辟了很好的路径。

## 伶工学社

张謇一次看戏，见观众踊跃，其情绪随着剧情的起落而起落，他由此想到改良社会的一些事情。他觉得改良社会，文字没有戏剧来得快捷，即便是提倡美术工艺，也没有戏剧来得方便。

于是，张謇盘算着建立一所戏剧学校，从而培养这方面的人才。

1918年，张謇正式创办了一家戏剧学堂。由于早就对著名戏剧家欧阳予倩先生仰慕，便专门从上海把他请来帮助办这所学校。

欧阳予倩久在行内，感受颇多，早就有改良戏剧之愿想，也想用这个来进行试验，便顺应张謇的邀请，在1919年的秋季，来到了张謇这里和他共同开创戏剧教育事业。

1919年7月，张謇让徐海萍在南公园布置校舍，欧阳予倩先生带领一些人员对办学的方案进行制订、教授课程并到各地招生。对于学生的年龄均要求在十一岁到十三岁之间。文化上要求至少是小学文化毕业程度，音喉、形体和气质合乎专业要求。学制是7年，可以先试学一个学年，若校方感觉有培养前景，可以留校继续学习。学习时间是5年，最后两年主要是实习，参加义务演出。

一切准备就绪，便定于这一年的9月份正式开学。

伶工学社刚开学的时候，只有60名学生，由于他们水平参差不齐，张謇他们一商议便暂时分作了甲乙两个班。张謇亲自担任董事长，任命儿子张孝若为社长，欧阳予倩为主任，并兼教务，还亲自教授戏剧课程。别的文化课、专业课和训育员、庶务、会计、书记到内外勤杂人员等全都逐一配齐。

这所新的伶工学社建立在南门望仙桥，占地十五、六亩，于1920年建成。欧阳予倩担任更俗剧场的经理，作为学社的实验场地，由张謇和更俗剧场供给全部经费。但在经济困难的时候，也有多方凑资。欧阳予倩一心扑在教育事业上，他的月工资是二百元，然而，为了办学的需要，经济供给不是太足，他曾有一年时间都未领到工资。

伶工学社是我们中国最早培养京剧演员的学堂，它运用的是近代教学的方式，和日科班有所不一样，日科班是用来培养京剧演员的，因此不同于办得较早的西安戏剧学堂。伶工学社前前后后办了八年整，前三年系由欧阳予倩主持学校的全面工作。欧阳先生也很明确地说，伶工学社是为社会效力的艺术团体，并非是私人歌童养习所，需造就戏剧改革的演员，并非科班。

为了让学生具备尽可能好的文化艺术素养，在课程设置上，除了戏剧专业以外，还开设了国文、算术、历史、地理等文化课及音乐、歌唱和舞蹈等艺术门类课程。在进行的过程中，又开设了音乐班、图画班。戏剧课以昆剧作基础，京剧作主体，欧阳予倩先生为了戏剧改革的需要，自己还兼任着话剧教师的职位，对戏剧理论进行讲授，并介绍外国戏剧家与他们的作品。

张謇也总是拨冗来此授课，有时候还亲自传授修身课程，批阅学生的书法等。

伶工学社绝对不允许打骂体罚学生，坚持课堂教学和演出实践相结合，经常组织学生参加演艺会和音乐会等，只要遇到机会还去外码头，像武汉、长沙一些地方去演出，让他们深入生活，在实践里进行锻炼。

张謇的伶工学社非常重视学生对于名家们的观摩和学习，更俗剧场建成以后，北京和上海一些大地方的名家名流有许多都前来献艺，像一代宗师梅兰芳、程砚秋、谭富英、杨小楼和盖叫天等。他们每次到来，学社都看成是培养学生的最佳机会，紧抓不放。赶紧组织学生们前来学习和欣赏，和大师们进行面对面地交流。有些时候，还让他们与这些大师们配戏。刚开始的时候，学社就只有一个戏剧班，后来又增加了一个音乐班，由专任老师进行传授，整个教授西乐，配合庆典活动进行演奏，有相当大的影响，同时也造就了不少人才。而欧阳予倩主持学社的创作和改编、仿排、移植，演出了很多的新戏，带上话剧，大概有七十种之多。欧阳予倩主持的这些戏剧，内容进步，思想解放，风格新颖，对于老京剧裹足不前的行当有很大的突破和创新。欧阳予倩在这些戏剧当中，改善了老戏的表演与装饰之术，将舞蹈和新的音乐引入戏剧，还运用了新式的布景与灯光，这不但让观众看到了新鲜的东西，也很大程度地将学生的素质提高了一大步。

学社也很善于用激励学生上进的办法。《倘诗》、《凉变》、《琴挑》、《三岔口》、《捉放曹》、《人面桃花》、《摇钱树》、《泗州城》、《蟠桃会》、《太君辞朝》等数十场戏都是由学社教授而成的戏，学社曾建立“优秀奖”，用来鼓励学生努力上进，发奋从艺。

后来，由于创办人张謇辞世，失去了重要的支持人，伶工学社在1926年9月份解散。

张謇的伶工学社先后发现和培养了不少高素质的戏剧人才，像李斐叔（金章）由梅兰芳先生带到了北京进行深造，且跟着梅先生先后东渡日本、前往美国等地演出，后来由于嗓子出了毛病，不得已当了梅先生的秘书。

伶工学社先后收了90多名学生。林秋雯算是最晚到学社的一个学生，然而，她进步非常的快。后来，马连良介绍他去北京深造，更深入地进行学习。那时候，戏剧界派别界限分明而严格，能够于北京有一个位置是很不容易的。林秋雯后来跟马连良、荀慧生和程砚秋等同台演出，表现出了相当深厚的戏剧演唱功夫。

唱小生的葛次红，周信芳先生倚如左右，于大上海的十里洋场一时间十分红火。

学武生的张玉昆，他唱功极好，武术底子深厚，中年的时候，他在全国各地演出，获得过许多许多的好评，使不少业内人士交口称赞。由于年龄的增长，他后来改唱老生，到了晚年，便进学校当了一名戏剧老师。

伶工学社乐班出来的学生，有许多到各个学校任职音乐教师。他们传授西乐知识，对具有西乐天分的人才进行培养，还有些伶工学生进入到了电影的行当，为新的文艺增光添彩。

## 盲哑学校

无论是办实业，还是办教育，张謇都是为了挽救中国命运，一切的出发点，都在于救国，使人民过上富裕的生活，中国从而强大起来。因此，张謇不仅关注能够直接服务于他实业的健康人群，同时，他也同情那些身患残疾的人们。

对于残疾人群，他经常能够看到。这些人一般是贫穷的话，就去乞讨；家境富裕的，便逸居不出，他心里感觉很痛苦，心想如果把这些人群集中起来进行培训，让他们能够发挥应有的作用，那么中国不就发展得更快了吗？同时也解决了这些人的生存问题，给国家减少了负担。他综合分析了一下，外洋人口当中，每一千人中就有两个盲哑人。大清国如果用这样的算法推算，那么四万万人口当中，盲哑人口会有八十万之多。得到这个数目之后，更使他寝食不安，于是，他决定开办一家盲哑学校，对身患残疾的孩子进行培训，让这些孩子也能得到教育，获得生存的技能。

然而，要想办学，最重要的是要有师资队伍。张謇认为，这样的教师不仅要求专业精良，更重要的是要对盲哑儿童有真正的爱心，也就是“慈爱心与忍受心”，他认为只有这样，才能热心对这批特殊的儿童予以培训。

鉴于此，他在民国元年，也就是1912年，创建了盲哑师范传习所。先建立师资队伍，对师资进行培养。然后，在1917年，于狼山东北麓和残废院之西，开辟了6亩地，建起了南唐盲哑学校，学校开学时的经费是4400多元，一个翟姓的朋友资助了3000元，剩下的，由张謇跟他的哥哥张詧补出来。

张謇的这所盲哑学校分为盲和哑两个学科，除了传给盲学生凹凸的字版拼读盲文知识外，还开有音乐、针案和按摩等一些课程；哑学生除了教学手语外，还开有国画、雕刻、木工、裁缝等一些科目。学制都是三年制。

到了民国十三年，也就是1924年，盲哑学校已经有四个班的学生毕业了，在学校学习的学生还有46名。盲科学生有18名，哑科学生有28名，这些盲哑孩子通过教育和培训，能够用特有的方式进行思想感情方面的交流，成绩非常好的，还能够唱简单的歌曲。

一次集会，这些盲哑孩子集体合演过一个名叫《普渡慈航》的新剧，令人们感叹不已，由衷地佩服这所盲哑学校的教学质量高，对于这些盲哑孩子无私的奉献。

张謇的盲哑学校不但帮这些盲哑孩子降低了盲哑方面的个人痛苦，同时还为解除社会的痘疾起到了积极的作用。这些孩子走出校门之后，一般都能够照顾自已的生活，可以自食其力，能够就业工作。有的甚至还被分配到了商务印书馆等各大书局担任印刷、打字和分发等工作，为社会做贡献。用张謇的话说，也就是为富强中国献出一份自已应有的力量。

## 鼓励有能力的有识之士办学

张謇不仅自已积极办学，还热心地对那些有能力的有识之士予以鼓励，用他自己特有的方式热情地支持他们投入到教育事业中，积极办学。

甘肃省黄土高原上的康乐县有个巴松小学，原来这所学校的创办人叫牛载坤。牛载坤在创办这所小学之前是八松乡思想进步的读书人，当他在家乡看到报纸上登载了张謇办学的事情后，很激动，对张謇的办学思想，爱国情怀也极为佩服，于是决心也要像张謇那样办学，投身教育事业。

1913 年秋，牛载坤自偏远的大西北千里迢迢到南方的通州师范学校找张謇。当时的通州师范那真是鼎鼎大名呀。张謇见有人这么远为了教育事业来找自己，内心也很激动，无论自己多忙，也要抽出时间来见人家。

张謇热情的接见了牛载坤，经过一番交谈，张謇很欣赏他，手拉手亲热得像是一个娘生的兄弟似的，他们一起参观了通州师范学校。对于这位自远方来的客人的一切食宿费用，都是张謇提供的，并且是上好的。在牛载坤要离开的时候，张謇称赞和鼓励他说：“如果我们中国人都像你一样对教育如此重视，那国家不但有救，而且还会很快兴旺发达起来呀！”

牛载坤在张謇那里取得了经验，并受到张謇的热情鼓励和赞赏，干教育的兴致越发高了。他一回到自己的家乡八松乡，便马上多方联络，极其用心地创建了一所小学。

牛载坤为了给学校树立良好的风尚，便把学校的名字定作“树风学校”，随后又给他的老师和好朋友张謇写去了一封信，请张謇给自己创办的学校题写一个匾额。张謇接到书信之后，欣然提笔，写上了：

树风学校

然后又按牛载坤的要求书写了八字校训：

艰苦自立　忠实不欺

之后又写了自己想好的跋言：

树风学校请书校拟，以昔所示语南通师范者赠之，南北学风，庶有大同之一日。

——南通张謇。

树风学校的创办人牛载坤校长接到张謇寄来的匾额后，大喜过望，连饭也不吃了，急忙挂起来。此后他就全副身心地扑在办学上了。

工夫不负有心人，树风学校果然办得十分优秀，为当地培养出了许多人才，名声传播很远，在他们整个康乐县更是独树一帜。牛载坤说："这是在张四先生支持下办的学校，我们不能给他丢脸！"

康乐县的百姓们为此也都很感念张謇。

8

# 心系时局——从立宪走向共和

## 赴日考察

随着张謇创办实业的深入，成就的加大，他在朝中的影响也越来越大，就连慈禧太后也越来越信任和倚重于他。

张謇自然是一心让大清国富强起来的。经过戊戌变法大动荡之后，张謇越来越热衷于立宪。

1903 年，日本驻江宁领事天野通过徐世昌要请张謇等一些社会名流东渡日本对日本第五次国内劝业博览会进行参观。日本国总是欺凌侵略中国，遭到张謇及其国人的痛恨，然而，张謇对于日本从明治维新以来努力向西方学习，快速强大之事实有着很浓厚的兴趣。所以，张謇受邀后，不及多想，就答应了下来，决定东渡日本去“取经”。

张謇打算到日本后，一方面参加他们的国内劝业博览会，一方面对他们的教育和社会各项公益事业进行考察，把好的经验学过来，以便于将来在中国国内实施。

5月23日，张謇等一些大清的社会名流来到了日本的长崎，开始了对日本国长达两个多月的访问。

在日本的这一段时间内，张謇除了对劝业博览会进行参观，还参观了35家教育机构与30个农工商企业。他每天都非常的繁忙，恨不得自己制造出一些时间出来，把日本的一切好东西都看看，记在心里……

不过，张謇最为关心的还是他事业上的事，也就是实业和教育。他给自己制定出的参观程序是：先幼稚园、次寻常高等小学、次中学、次高等、徐及工厂。（张謇《癸卯东游日记》）

期间，日本接待者嘉纳治五郎问张謇：“您东来调查的宗旨是什么?”张謇稍微顿了一下，回答说：

> 学校形式不请观大者，请观小者；教科书不请观新者，请观旧者；学风不请询都城者，请询市町村者；经验不请询已完全时者，请询未完全时者；经济不请询政府及地方官优给补助者，请询地方人民拮据自立者。（张謇《癸卯东游日记》）

这番话语表明张謇从实际出发，寻求跟自己国家的经济和文化相适应的经验和思想。他认为如果不务实际，一味地好高骛远，追求虚无缥缈的东西，那是一点用处也没有的。

在日本期间，张謇受到了日本天皇的接见，在和日本天皇谈话的时候，听说中国山东的一个叫许士泰的农民，他来到日本后在日本开了一万多顷的荒地，天皇还对他授予了奖杯与奖章。

于是，张謇会见完天皇之后，当天就去找了许士泰。到他开垦兴修的田园、水利、桑林、牲畜繁殖场和小型商品作坊等地方参观。参观的过程中，禁不住连连赞叹："看来唯有发展多种经济，方能除穷致富，今天真让我开了眼界了！"

晚上回到住处，张謇对同来访问的官员们感叹说："泰山下的贫苦农民许士泰，来到日本后，努力开垦荒地，如今成了受人崇敬的大富翁，而我们却还不晓得，真是惭愧呀，白拿朝廷的薪俸了。"

张謇在日本考察，给他解决了不少思想上的难题。这里的一切都是新鲜的，很多都优于大清，他边考察边思考。他觉得，大清和日本两个国家有不少共同面临的发展问题，然而，日本处理得很不错，在自己国内却难以解决。这主要是因为日本政治上的开明，首先是立法健全，全部都以法为准，依法办事，绝少超越法律之权力；其次是多党政治，重视民众意愿，施行议会制，进行舆论上的监督，权力受到制衡，为此，政府作出的决策一般都体现着民众意愿。他于深思中发现，中国之所以落后，主要的原因就在于封建专制，它使中国的经济和文化发展缓慢，甚至是停步不前。想到这里，他的心里一抖，发现自己前半生所追求的大半尽是无用的东西……

此时的张謇真正认识到，中国要发展不能把希望全集中在宫廷斗争上，另作他途还是非常正确的。即便是光绪皇帝重新掌握了朝政大权，或者是单单凭借思想开明的一些地方大员推行新政，还是难以将中国的问题予以解决。他认为，最根本的办法是，发展商会、农会和教育会等一些社会团体基础上，扩大政治活动，组织政治团体，以至新式政党，于整个国家施行立宪。

考察结束后，张謇回到上海，将自己在日本考察的日记整理出来，添上了一个名字——《东游日记》，然后编辑成书，印刷出版，广布各方人士及诸亲友。

## 为立宪与袁世凯修好

说起袁世凯，张謇早就和他绝交了，这个人从小好勇斗狠，又有着狂妄的梦想。长大后，眼光锐利，善于投机。为了私利，可以完全不顾恩义，两面三刀，出卖朋友，出卖情义……

然而，此时的张謇为了在国内施行立宪，他必须要寻求实力派的支持。而此时的袁世凯正是这样的人选，自从他在戊戌变法当中出卖了光绪皇帝后，就深得慈禧太后的宠信，掌握着大量的实权，成了执掌北洋兵权的铁腕人物。1899 年冬，因义和团在山东的排外行为引起各国的不满，清廷被迫撤换纵容拳民的山东巡抚毓贤，代之以袁世凯署理山东巡抚，率领全部武卫右军，也就是新军，前往济南。这是 40 岁的袁世凯首次出任地方大员。袁世凯到任后，把义和团定义为“左道邪教”，到处拆铁道，拔线杆，破坏了社会安定，一改毓贤的处理方针，驱赶拳民，让他们在山东无法立足，逃去天津和北京一带。慈禧太后以民气可用纵容义和团。第二年爆发了八国联军战祸，山东在袁世凯的统治下却秩序稳定，并且加入东南互保，使山东免遭战争祸乱。1901 年 11 月，继李鸿章署理直隶总督兼北洋大臣，第二年实授。如此，袁世凯便一跃成为了中外所瞩目的实力人物。

1904 年，日本与沙俄为了侵占中国的东北和朝鲜，爆发了日俄战争。然而，战场却是在中国的东北。以慈禧为首的大清朝廷竟然宣布“中立”，使中国主权再一次被严重践踏，使东北人民遭受巨大苦难。日俄战争的结果是日本战胜了沙俄，中国国内群情激昂，都强烈要求效仿日本施行立宪。张謇更是一马当先，早就开始了同朋友们商量立宪的问题，还积极地参与江浙立宪人士策动地方与中央权贵要赞成立宪，派遣官员出洋考察政治的活动。他们整体的意见是：“权要最能耸动朝廷，以后实施立宪也应凭借权要主持，要促成立宪，一定要让权贵赞成且予以陈请。”

在他们的意识里，只有走上层路线，实施立宪才最为快捷。他们也正是这样做的。

清朝朝廷为了应付内外臣民，缓解舆论方面的压力，不得不做出了相应的姿态，对于声望一天天高涨的资产阶级上层人物予以拉拢。这年的 4 月 16 日，朝廷颁发上谕：

> 张謇著赏加三品衔。作为（商部）头等顾问官，钦此。

张謇早已无心当官，然而为了这个国家，为了立宪，这一次，他却是当仁不让地接受了这个赏赐。

商部顾问是新制，却搁在了头等，可见朝廷对于这些年张謇在实业方面成就的肯定，也可见张謇当时的影响力。朝廷给予张謇特别的恩宠，这对于张謇办实业是相当有利的，然而，此时更重要的是能够借此增加他参与立宪活动的分量。

1904 年 5 月和 6 月，张謇跟汤寿潜、蒯光典、赵凤昌等，还有鄂督张之洞、江督魏光焘等一班立宪朋友在一起商议，共同起草了一份奏折，向朝廷阐明日本和俄国的战争，不管是哪个国家胜，哪个国家败，中国都应当马上进行大的变革，并说这是刻不容缓的事情，就像是火上了墙一样，想要预防之，就一定要赶紧进行大的变革，让中国尽快富强起来。而变革目前最好的办法就是走立宪之路。他们要求朝廷仿照日本先行颁布天下，定为大清宪法帝国，一边再派忠实有名望的官员游历各国，对人家的宪法进行考察，然后为已所用。

他们将奏折的稿子拟写完，由于历事太多，变得谨小慎微的张之洞并没有决定立即上奏朝廷，又对张謇说道："为了这个负重的国家，我们已经经历了许多，凡事还是要谨慎的好。你可看看直隶总督袁世凯对立宪这个事情是如何看的，然后我们再作决定。"

张謇对于立宪虽然心里很急切，然而，他一向非常尊重张之洞，已经形成了习惯。于是他顺着张之洞的思路往下考虑，觉得张之洞说的很有道理，张之洞说："如今的袁世凯，已非昨日的袁世凯，若他能赞成立宪，出手相助，那立宪大定矣。"

张謇听了也自思道：袁世凯若真能支持，也是利于天下的。

张謇想明白之后，决定前去对袁世凯试一试。他虽然觉得此时袁世凯这个人对立宪很有用处，然而，他对于袁世凯这个人确实是吃不稳。想当初，戊戌变法之时，光绪皇帝和谭嗣同是多么的信任他，然而，在关键的时候，他还是为了自己的利益把光绪和谭嗣同等全出卖了，转而投靠了慈禧太后，从而彻底断送了维新，也断送了很多人的性命。

不用说，张謇和袁世凯过去是有交情的，张謇还曾是袁世凯的老师，袁世凯在表面上也一向尊重张謇。其实他们两人个人感情上本没有什么，主要是在国家大事上，张謇看不上袁世凯唯利是图，两面三刀投机取巧的为人。

张謇想来想去，决定还是先给袁世凯写封信。信上主要谈的也是国事，谈的是立宪：

> 日俄之胜负，立宪、专制之胜负也。今全球完全专制之国谁乎？一专制当众立宪，尚可幸乎。日本伊藤、板垣诸人共成宪法，巍然成尊主庇民之大绩，特命好耳。论公之才，岂必在彼诸人之下。即下走自问志气，亦不在诸人下也。

袁世凯是个圆滑自私的家伙，见张謇给自己写信，表现得很高兴，很热情，回信中嘘寒道暖后，才发表自己的看法。他说："立宪虽好，然而，时机尚未成熟，还必须要等待时机。"

袁世凯如此态度，让张謇等也对他抱着很大的幻想。觉得袁世凯的确还算明白，是个可以做朋友的人。

然而，结果呢？袁世凯所谓的立宪就是自己当皇帝，并且当了皇帝后，并不希望别人限制自己的权力，而是设法增加自己的权力。

## 立宪和目下

早在1898年6月，光绪皇帝正式颁诏变法，张謇回京销假的时候，他就提出了一些改革方案，然而，那时他只是限于经济和文化方面的，对于维新派"速变"、"全变"，甚至是不惜以发动宫廷政变流血进行变革的做法，他很不赞成。那时候，他说：

“药过于苦了，吃药的时候，便很不容易张嘴。”

那时候，他屡屡对康有为和梁启超等人进行劝说，让他们稳着来，不可轻举妄动，然而，事情远不是他一个人能够阻止的，该发生的还是要发生……

张謇看到这些，心里很是不安。那一年的 7 月21 日，也就是张謇正式复职的次日，张謇再次向翰林院告假，说自己的纱厂初办，事务冗杂，应立即回去办理，不然会半途而废。翰林院不想让他离去，可看他执意，也只好答应，准了他的假。在维新变法最为重要的时候，张謇就这么匆匆离开了京城的纷纷扰扰，回到了他的家乡。

就在张謇刚刚回乡没多久，京城里一下子乱了，慈禧太后反手一击，覆灭了维新一党，囚禁了皇帝光绪，将戊戌六君子推于菜市口砍头问斩。

张謇闻讯，唏嘘不已，好久不说话，心情也更沉重了。此后，他更坚信他的看法，不应当再发生这样可怕的事情，应当走实业救国的道路。

当时他沉痛地说：“读书识字之子皆自危矣。祸至真无日哉?”

直到 1900 年 8 月，八国联军瓜分中国，攻进北京城，慈禧才意识到严重性，日夜寝食不安。思来想去，也觉得应当变法，于是在第二年 1 月，慈禧在西安发布上谕，再次决定变法，命令督抚以上的大臣们就这件事，认认真真地议一议，然后报上来。

在家乡一心办实业的张謇听说这件事后，坐不住了，也马上开始行动起来。他应当地总督刘坤一之邀，写就了《变法评议》。在这个《变法评议》里，张謇第一次提出了设置“议政院”和

“府县议会”等新鲜的名词，将矛头直接指向了国家的最根本要害。

后来，张謇刻印了《日本宪法》。这是他到日本进行考察，后来又爆发了日俄战争，他经过慎重思考后的结果。他当时分析说：

非必生人知觉之异也，一行专制，一行宪法，立政之宗旨不同耳。（章开沅《历史研究》）

他将《日本宪法》通过赵小山转至内廷，献给慈禧太后。慈禧看了后，觉得这个立宪并没有超出君主主宰天下的范围，又见立宪呼声之高，为了应付民意，便作深然之状道：“宪法对于国家来说，真是太好了！”

张謇和那些立宪派人士得了慈禧太后这句话，便又来了精神。在这年8月，张謇又刻印了《日本宪法义解》和《议会史》的小本子向朝廷重臣们一一分送，想让他们更加了解和支持立宪，从而顺利实施立宪。

然而，改革、立宪，说着容易，做起来就不是那么回事了。立宪，要限制君主皇室的权力，像慈禧太后，当时她要是真正意会到了这些，真要限制她的至高无上的权力，她会心甘情愿吗？她会同意吗？必然会拍案大怒：“造反了你！来呀，给我拿下！”结果可想而知。

不过，这一点，聪明有才的张謇不会想不到；然而，前半生对科举孜孜以求，苦苦奋斗，现在又身为士大夫的他，对大清朝廷抱有些许希望，哪怕有一点希望，他也会维护这个朝廷的。当时他的想法是要将风险降到最低。

这时候大多数爱国的人都认为，大清只要施行立宪，那么所有问题都会迎刃而解。以后再也不会遭受外国强权的欺凌了。

然而，却不知道中国的封建时代已经彻底走到了尽头，大清也病入膏肓，难以救治了，他们温和的改良，根本改变不了中国，大革命时代已经到来了。

## 慈禧太后的立宪

张謇虽然一心爱国，做的一切事情全是为了国家富强，然而由于他某些方面的局限性，束缚住了他思想的车轮。然而历史的车轮不会等他，滚滚地向前开动着，他的立宪思想已经满足不了一些更先进的人的意识了。这些人也在日夜思考着中国的道路应如何走。

这就是孙中山等一些人领导的革命，他们这些人一心认为，中国专制的封建社会已经走到尽头了，中国应该进行彻底的革命，推翻数千年来的封建王朝，建立真正的共和，唯有如此，中国才能从灾难中走出来，逐步走向富强。

孙中山，1866 年 11 月 12 日出生于广东香山翠亨村，本名孙文，谱名德明，字载之，号日新，又号逸仙，幼名帝象，中国近代民主主义革命先驱。为了救国，他上下求索，国内国外地奔走，吃了很多常人难以想象的苦，也做了很大的努力。在庚子之变后，他路子才走得比较顺，在回忆 1901 年惠州起义时，他写道：

> 当初次之失败也，举国舆论莫不目予辈为乱臣贼子、大逆不道，咒诅谩骂之声，不绝于耳；吾人足迹所到，凡认识者几视为毒蛇猛兽，而莫敢与吾人交游也。惟庚子失

败之后，则鲜闻一般人之恶声相加，而有识之士且多为吾人扼腕叹惜，恨其事之不成矣。前后相较，差若天渊。（孙中山《建国方略》）

大清朝廷在 1905 年 9 月 24 日，在形势的逼迫下，不得不再次派出五名朝廷大员出国专门对宪政进行考察。然而，还未出北京车站，便遭到了革命党人吴樾的炸弹袭击，此时的大清朝廷真是进退失据，不得不另行改期。张謇知道这件事后很焦急，此时的他，自然是不知道革命的思想和他们维护大清立宪思想的矛盾，他一心认为只有立宪才能使中国的政治走出一条路来，从而中国才有救。所以，他当时的立宪思想更是坚定，他说："这一定是反对立宪的人干的，如此，立宪更要加紧进行了。"

大清朝廷在 1906 年 9 月 1 日正式发布了准备仿行立宪上谕。消息传来，全国各地的人都非常高兴，认为中国有希望了，自己有奔头了，一些大城市甚至高悬了彩灯进行庆祝。

然而，到了 11 月 6 日，新官制案一公布，人们才发现自己是空欢喜了一场，朝廷的立宪全是假的，其条文根本不起什么作用，不仅涉及皇室大权的重要部门一点没动，连责任内阁也全无踪影。相反的是，满人官员占的比例更大了。袁世凯虽是慈禧倚重的大臣，然而，由于是汉人的关系，其权力也被相应地削弱了。他的陆军被朝廷收走了四镇。

立宪人士，很是失望，张謇心中既焦急，又毫无办法。他在当时参与成立的预备立宪公会上说：

与其多言，不如人人实行，得尺则尺，得寸则寸。（张謇《自订年谱》）

谁都知道，这能有多大作用呢？

1908年8月，大清朝廷颁布了首部宪法《钦定宪法大纲》，杨度对它的第一条“大清皇帝统治大清帝国，万世一系，永永尊戴”评价说：

> 政府宁肯与人民以一尺之空文，不肯与人民一寸之实事；人民与之争者，宜与争实事，而不与争空文。（周昂《未完成的立宪》）

张謇听到这个评论后，心内甚然之。

1908年11月，光绪皇帝与74岁的叶赫那拉氏慈禧太后相继驾崩，年幼的溥仪继位，改元为“宣统”，他的父亲载沣为摄政王。然而，慈禧太后的政治主张还在继续着。

## 慈禧的后继者们

因为张謇等立宪人士的积极活动，1906年，也即光绪三十二年，他们在上海成立了“预备立宪公会”，公推郑孝胥为会长，张謇为副会长。这个组织成立后，大大方便了立宪活动的开展，此时的张謇内心劲头儿也很足。过了两年，光绪皇帝和慈禧太后先后驾崩，年幼的溥仪登基，他的父亲载沣摄政。为了稳定时局，他们对立宪派采取了安抚措施，下令于各省建立了预备立宪的谘议局。为此，张謇很兴奋，感觉大清有盼头了，中国的立宪从此开始。没过多久，张謇又被推为江苏省谘议局议长。

张謇当了议长后马上开始准备上奏朝廷速开国会。在谘议局有松江的雷奋、吴县的杨廷栋等，全是曾在日本流过学主张立宪的积极分子。雷奋和杨廷栋又都很善于演说，每逢谘议局召开会议，他们两个人便总是会在张謇的左右进行发言，以助张謇，俨然成了张謇的得力干将。他们两个也确实有才华，令会场上的人总是禁不住热烈地鼓掌。加上张謇于当时官场和商场上的威望，使他很自然地成为了东南立宪派的领头人物。

这个时候，大清朝廷刚刚跟日本国缔结完割让东三省权益的新约，使人们的心里更是紧张。

又过了两个月，七省谘议局代表聚会于上海，商议立宪大事。在此期间，张謇跟各省的议员见面说话的机会比较多，这让他更进一步了解到中央亲贵贪权，官场更加腐败，朝廷财政拮据，各地兵连祸结等等状况，所以，认为应当必须马上施行立宪，否则后果不堪设想。

会议之后，张謇又多次跟各省的议长们和副议长们通信或互派代表交流和了解情况。因为顺直谘议局距离京城很近，因此对朝中的状况更为了解，他们难以忍受朝中官员的作为，于宣统二年到宣统三年的六七月份间，屡屡向朝廷请愿，提出改组亲贵政府，马上召开国会，立即实施立宪的主张。但是，由于他们言辞激烈、不容情面，引起了朝中主事人员的羞恼，训斥他们道："危言耸听，居心叵测！"

然而，各省谘议局人员并没有由此退让，除了组织奉天和直隶两个省的代表们到京都请愿之外，还发动了全国各省谘议局人员进行声援和支持。

张謇和一班朋友进行讨论，一个较为年轻的朋友激愤地说："今见朝廷的诸种做法，国家不亡，那是根本不可能的！"张謇不爱听国家要亡的话，这是他无论如何也不愿看到的，于是，便反驳说："我们这些人都在这里，如果不想计策，看着国家沦亡，那是毫无道理的！"

众人也心急，却也无奈，都问张謇："先生之见，当如何？"张謇说："我们应马上大力组织人员前去京城向朝廷请愿，请求朝廷即刻召开国会。"

众人便依张謇。只有走一步说一步了，希望会有所改变。

很快，一个由十六省代表组成的国会请愿团朝京城开进。于第二年的1月份，张謇一行请愿团来到了京城，向朝廷递交了一份要求一年之内召开国会的请愿书。

大清朝廷看了张謇递交的请愿书，虽然觉得颇有道理，然而，这些主张触及他们的个人利益，哪一个会愿意施行呢？一般情况下，是根本不予理睬的，然而，以张謇在朝中的名望，他们也不敢怠慢，只好对张謇一番安抚。他们对张謇说："开办国会，此主张的确是为大清社稷着想，然而，我们眼下的条件还不具备，筹备还不是太充分，待日后再议吧！"

这样，张謇他们的请愿书算是被朝廷驳回了。到了5月份，张謇等再次发动请愿，各省签名参加请愿的人员达30多万人。这弄得朝廷很是不开心，载沣觉得张謇也真是能闹腾，勿怪乎当年李鸿章说他"多事"，如今看来，这张謇的确是爱多事的人！因此对张謇比上次更增加了些严厉。他对张謇说："毋得再行渎请！"

张謇听了这话，心中很是愤怒，对大清竟然第一次产生了些许怨恨，心说，如此之大清，如何得了，不亡国还说什么？

于是，张謇爱国情怀高涨，更是来了一把火。

就在这年的10月份，请愿团再次卷土重来，这次的声势比任何一次都大，是空前的。直隶、河南、四川等地，都出现了千人游行示威的场面。奉天旅京学生赵振清和牛广生，年轻气盛，他们两个甚至当场撩起自己的裤腿，用刀将大腿划出血来，蘸血而书。

在如此之情况下，大厦将倾的大清朝廷有点招架不住了，于是，经过一番紧张慌乱的计议，宣布将于1913年提前召开了国会。这些举动，让忠于国家，忠于大清的张謇很是满意，感觉朝廷还是有希望的，国家还是有救的。然而大部分立宪人士对此却很不满意，觉得朝廷是在不得已的情况下对他们敷衍，并不庄重，不能真正解决问题。

1911年4月，苟延残喘的大清朝廷正式成立首届责任内阁，内阁成员由13名大臣组成，其中皇族成员就超过了一半。可见，要在大清立宪是根本不可能的事，他们的立宪也完全是一种骗局而已。张謇也彻底丧失了信心，心痛不已，他从不在乎自己做出了多少努力，只要值得，只要有结果，然而……他当时说道："朝廷以海陆军政权和各主要部门，全任用亲贵，并非祖制；复不更事，举措乖张，全国为之解体。"

可见他对于大清的立宪，已经不再抱有一丝的希望了。这一年5月17日，张謇在京城与大清的最高统治者、摄政王、"太上皇"载沣一起吃饭，席间，他对于立宪一个字也没有再提起……

## 寄希望于袁世凯

有一段时间，张謇对于大清施行立宪，已经心如死灰，然而，却对袁世凯很亲近，把希望全寄托在了这个昔日自己最看不起的人身上。

1911 年的 4 月，有一个省的谘议局派代表和江苏的张謇联络，他们以为张謇是各省立宪人员的领袖，即便是在各省谘议局的议长当中也是威望最高的，应该让他去京城看看局势，摸摸情况，然后再决定各省谘议局下一步应怎么做。张謇也认为如此甚好，和好友相商，都赞成他北上，又由于他到南京参加博览会的时候，美国有商团来中国进行参观活动，来了之后，也邀请中国派商团前往美国回访，上海、广东、汉口和天津四大商会都推张謇到北京去办理有关事宜。于是，他准备好行囊上路了。

张謇在前去京城的路上，途径河南的彰德，突然想起袁世凯此时正在洹上村，于是和同行的人说起袁世凯。

对于袁世凯，张謇内心是很复杂的，他和袁世凯曾经交情深厚，袁世凯视之为师，后来袁世凯露出本性，为了私利离开对自己有大恩的吴长庆，投靠了当权大臣李鸿章，张謇与之断交 20 年。期间，袁世凯又出卖了张謇相当崇敬的并寄予希望的光绪皇帝与维新党人，彻底断送了维新。这使张謇提起来就恨之入骨，认为曾与之相交是非常耻辱的事。然而，张謇在政治上尊崇立宪，为了这个国家，还是和断交 20 年的袁世凯修复了关系，希望袁世凯能够支持立宪，使立宪成功。在希望袁世凯支持立宪的同时，立宪同仁和张謇本人又对袁世凯这个人不放心，总是觉得他的人品有问题，不一定靠得住，于是也在防着他，那些立宪同仁们还上奏朝廷打压袁世凯，削弱袁世凯的兵权。对于袁世凯，张謇与汤寿潜的态度并非完全一致。起初，两人都对袁世凯怀有戒心，觉得他是反复无常、背信弃义的小人。1904 年，为推动立宪，汤寿潜虽然也劝说张謇跟时任北洋大臣的袁世凯恢复联络，然而内心深处还是对袁世凯十分憎恶，并且还一再向朝廷建议将袁世凯罢黜，袁世凯被朝廷罢黜后，又再次请“清廷永勿再用袁世凯”。于朝廷一方，特别是溥仪的父亲摄政王载沣，因为袁世凯是汉人，不是满人，更不是皇族，因此也一边利用他，一边又排挤打压他。朝廷几次将袁世凯贬官，削弱兵权。因此，袁世凯这一段日子也是晦暗的、不如意的。弱者、倒霉者常常是能够获得人们的同情的，正是因为袁世凯的几次遭贬，让张謇对他很是同情，认为这是袁世凯在为立宪做出了牺牲，由此，袁世凯在张謇心中的位置也在不断地回升，二十八年未见，慢慢高大起来，远在衮衮诸公之上。当然，不如意心中就会有想法，袁世凯也是这样。不过，袁世凯是个十分狡猾的人，处事一向狡诈，虽然他在家养病，可是他原来管辖的北洋新军还是在他的亲信冯国璋和段祺瑞等人的控制之下。因此不少人依旧对这个拥有实力的袁世凯存有幻想，就是帝国主义也没有忘记这个可以利用的人物。这时，他也很会韬光养晦，聚揽人气，博得同情。他审时度势，很会逢场作戏。

同行的人都劝张謇顺道去看看袁世凯，以便增进感情，为立宪出力。张謇听了欣然应允，一个人坐轿前去洹上村，专门去看望袁世凯。

张謇来到洹上村与袁世凯相会，两人一番感慨，情谊更加深厚，相通之处也颇多。袁世凯很会顺着张謇的话音去说，说得张謇越加认定袁世凯是个好人，自己的同道中人，以前是错怪袁世凯了，遂悔恨不已。最后，袁世凯对张謇说的一句话，语意相当深长。他说:“有朝一日……世凯出山，我一切当遵从民意而行。”

张謇一心想着立宪，对袁世凯所表现出的表象深信不疑，此后一段时间是紧跟袁世凯，设法让袁世凯当权，从而实现袁世凯所说的立宪，也是张謇本人心中最理想的立宪。而此时的袁世凯悠闲钓鱼，早已不爱读书弄文的他这时候还作了两首诗，其中一首是：

百年心事总悠悠，壮志当时苦未酬。
野老胸中负兵甲，钓翁眼底小王侯。
思量天下无磐石，叹息神州变缺瓯。
散发天涯从此去，烟蓑雨笠一渔舟。

## 辛亥革命的爆发

张謇在洹上村与袁世凯相会以后，短短几个月的时间，辛亥革命就爆发了。

张謇的立宪改良，是温和的，他一向反对流血，就连维新变法的宫廷斗争，他都不赞成，更不用说翻天覆地的大革命了。就在张謇历尽艰辛好不容易考上状元的那一年，孙中山就于檀香山创办了“兴中会”——中国第一个革命团体。第二年，又在香港创建了相同的组织。同时开始进行武装斗争。之后，像“华兴会”与“光复会”等反清团体都一个一个创办，且于1905年于日本东京组建成为联合的“同盟会”，制订出了“驱逐鞑虏，恢复中华，建立民国，平均地权”的政治纲领。随后又创办报刊，大力对革命进行宣传，跟改良派展开大论战，彻底显示了他们和改良的不同。与此同时，孙中山又于国内外全力发展革命组织，联络华侨、会党与新军数次发动武装起义。这些起义虽然未能成功，然而却动摇了清政府的腐朽统治，加速了他们进一步垮台的命运。同时，全国人民抗粮、抗捐、抗米的风浪一浪高过一浪。收回通商口岸权利与抵制外货的反帝爱国运动也风起云涌。1911 年，也就是宣统三年，大清朝廷出卖铁路修筑权，再一次激起了全国民众的强烈不满。一时间，川、鄂、湘、粤等省的群众掀起了保路运动，这成为了辛亥革命彻底推翻清政府的重要契机。

孙中山一向是以孙大炮著称的，用大炮轰一次，不成功，就再轰一次，不成功，就再轰一次。张謇和孙中山不是一路人，他认为孙中山总是云天雾地，不像是现实生活中的人。

然而，历史是不容张謇选择的。1911 年他正是江苏省谘议局的议长，10 月10 日晚上 8 点左右，张謇在湖北武昌渡口正想上船沿江返回江苏，没想到，一上船，他就忽然遥见城内发生了大事。

此时的武昌城内草湖门工程大火冲天，连绵好几十丈，在这火光当中，遥见有三角白光激烈地射出，这显见得是在打枪，是在进行激烈地战斗。而此时的张謇由于距离遥远，隔着一条大江，却只见光，而听不到一点枪的响声。船向前走了二十多里后，还可望见大火熊熊在燃烧。天是黑的，而火光却是通红的，照亮了整个大地。张謇的心是复杂和沉重的，这一切他是驾驭不住的，也管不了，他只能行他的路。

也就在这天夜里，武昌新军在全国起事。

很快，战火在全国各地燃起……

武昌城内经过一夜的苦战，次日早晨，革命军将总督署占领了，光复全城，这也算是首义成功了。汉阳和汉口也很快被革命军攻占。起义军将士汇聚到湖北的谘议局，在谘议局另一个议长汤化龙等人的参与下，就此宣布中华民国湖北军政府成立。

此次起义，革命党的领袖们没有直接参加，而缺少政治经验的起义将士没信心自己掌握政权，唯恐自己不能胜任。于是，经过一番讨论，就请大清原湖北新军协统黎元洪当湖北军政府的都督。黎元洪协统根本就不愿当这个都督，还怕有违大清臣子之道。革命军的将士们就用枪强逼他当了这个都督。然后向全国各省发布电文，让他们群起而响应。

到了11 月，湖北军政府公布出台了中国第一个根据资产阶级民主原则拟定的地方宪法——《中华民国鄂州约法》。

到了这个月的月末，全国有14 个省份彻底脱离了清政府。

这时候，北方那些没有独立的省份，有的地方是清王朝统治相当强的地带，像直隶、山东和河南。有的是边远省份，革命党的势力相当弱，像新疆和奉天。当然，这些独立的省份也不平静，革命党人依然组织了一次又一次的武装起义。

自从武昌起义以后，虽然张謇对革命仍然态度不明，莫衷一是，但是他的立宪派们却一个个都倒向了革命，认为大清该亡，这也加速了封建王朝清政府的灭亡。

许许多多的人民群众于各省起义过程当中热情都非常的高昂。无论是新军的士兵、会党的群众、读书的知识分子、挥汗的工人和农民，还是城市贫民、海外华侨、爱国士绅和少数民族，皆付出了很大的努力，作出了非常的贡献，如此便颠覆了统治中国两千多年的封建王朝。

## 从中摇摆

1911年的10月12日，已经到了安庆的张謇获悉武昌失守的消息。夜里，他坐在船上，此时船上躲避兵祸的人很多，差点将船弄翻。张謇自然是无法睡觉的，也无塌可栖，只好在船上的账房内将就了一个晚上。

张謇向来是不赞成革命的，当年慈禧太后派出考察的五大臣在上海被炸的时候，他就说：

> 余以为革命之有异：圣贤旷世不可得，权奸今亦无其人，盗贼为之，则六朝五代可鉴。（周昂《未完成的立宪》）

他把革命看成是灾祸，把革命党人看成是制造灾祸的妖人、强盗。因为他一向向往和平，反对流血。他在一次集会演讲里曾说道："政体虽然应当改革，但是，未必一定要将国家的基础给完全掀翻。"

武昌起义后的第五天，张謇来到了南京。到南京后，他马上找到两江总督张人骏，让他火速发兵对湖北进行救援，并请他代为向大清朝廷上奏，赶紧定宪法。此时，张謇还想用定宪法的办法来保住大清不倒。可是，没有想到，张人骏这个时候根本不听他的，不但不派兵对湖北进行救援，还极为反感立宪，不耐烦地说："立宪，立宪，这个时候了还立什么宪呀！"

这让张謇很窝火，心急火燎得无可自处。那一天，他在日记里大骂张人骏道：

> 其无心肝人哉！

此时的张謇在感情上实在难以将承载了他太多梦想的大清割舍！

然而，时局的发展，不以张謇的意志而转移。11 月初，湖南、陕西和山西等地相继独立，大清朝廷为了挽救时局，听了张謇的建议，匆忙在三日内修改宪法，颁布了《宪法重大信条十九条》，规定皇帝的权力以宪法规定的为限。

但是，即便颁布了宪法，也还是一点用处没有，挽不回它覆灭的命运。无奈的张謇此时也真正看清了事实，他在日记中写道：

> 曾未弥月，而响应已十二三省。人心决去，大事可知……舍共和无可为和平之结果，趋势然也。

12 月 14 日，认清形势的张謇也用剪刀剪掉了自己的辫子，他在日记中写道：

> 此十月非可等例于前乎此之十月。

这时候，正是农历的十月。张謇他这一剪，算是与过去彻底断绝关系了。由此看来，张謇这个人还是没有半点愚忠思想的，他与时俱进，跟着时代走。

革命的形势发展是极为迅速的，此时正急需组建一个能把握和统领全局的政治权力机构。以黎元洪为首的武汉军政府与具有强劲实力的江浙资产阶级因为筹建新政权而展开了激烈的竞争。江浙联合军队将南京拿下，于是，主动权自然很快转移到了江浙沪这一边。与此同行，张謇也来到了上海。在上海，他第一次会见了革命党的高级领导人章太炎、宋教仁、黄兴和于右任。他们在一起商谈了组建政府之事。各省代表通过一再的协商，最后决定选定大元帅由黎元洪担任，副元帅由黄兴担任，总统之位暂时空缺。

1911 年 12 月 25 日，孙中山回到上海。从表面看，革命势力已经是三分天下有其二了，然而，实际上，惜阴堂里已经初步拟定了南北妥协的方案。在对抗革命的关键时期，袁世凯又被清廷起用，掌握重兵，因此势力很大，而此时的袁世凯见大清朝已经是死定了，反而转向了革命的一面，赢得了原是清廷旧臣的立宪派的拥护。

南北议和开始之后，依靠跟袁世凯的私人关系，张謇斡旋于两派之间，最终促成了袁世凯“逼宫退位”。1912 年 1 月 6 日，张謇和袁世凯的代表张绍曾见面商谈。1 月 10 日，张謇又给袁世凯打电话，解说建立临时政府之事，同时张謇还向袁世凯的亲密手下段祺瑞等一些人进行暗示，要他们向大清朝廷逼宫，让皇帝退位。这一建议，正中袁世凯心意，于是便照此行事。1912 年 2 月 12 日，隆裕太后发布的清帝逊位诏书，是由张謇代笔，寥寥数语，给最后一个封建王朝彻底画上了句号。三日之后，张謇看到逊位诏书，感叹道：“这一节大局算是定了，接下来的日子可就艰难了。”

而南方希望溥仪退出皇帝大位之后，袁世凯能够登上大总统的宝座。

然而，辛亥革命是孙中山一手策划和领导的，建立民国也是革命者多年流血流汗奋斗换来的，这时候，孙中山的声望要比从旧朝廷里来的袁世凯的声望高许多。况且，此时也只有孙中山有如此声望可以将各自为政南北独立的各省暂时联结起来。因此，在1912年的元旦，孙中山顺理成章地被各省代表一致推举为新建立的中华民国的临时大总统。就职的地方就在张謇新建的谘议局内。

此时的南京政府已经被定位为临时政府，也就是说，过不了多久就会被过渡到一个正式的政府。对于将来的正式政府，人们有颇多想往。正式政府第一领袖的位置归于谁，还要看南北两方力量的对比和智慧的较量。

此时，南方能够走的只有两条路，一是在南京定都，一是尊重临时约法，但是其最主要的缺陷是兵力太少，也缺乏经济来源，而真正能够让袁世凯老老实实地就范的只能是北伐，只有北伐胜利才能压制住袁世凯。

鉴于此，孙中山最后做出了让步，决定由袁世凯任大总统，只要民国不变就行。当然，孙中山退位让贤并非是出于真心，谁会无缘无故把辛苦得来的果实拱手相让呢，实在是出于无奈，自己能够驾驭局势的力量实在太薄弱了，临时政府由于财政困难，也实在难以继续下去。

立宪派与东南的上层绅商向来不会自己做什么事情，实现自己的政治理想。他们时常是将自己的政治理想寄托在某种已经存在的强权集团，依靠他们来进行改良。所以，辛亥革命之后，他们又开始找寻可以寄托自己理想的对象，一开始是对孙中山给予希望，后来又见袁世凯军事力量强大，并且又都是旧人，就寄希望于袁世凯，决定跟着袁世凯实现立宪的梦想。不仅立宪派其他人这么想，包括张謇也是这么想这么做的。

而汤寿潜于浙江都督任内及卸任之后，都极力主张并支持革命派北伐，鲜明地表现出坚决的反袁立场。

那时候，革命派的领袖们虽然还没有制定统战政策，然而，像孙中山、黄兴、胡汉民和汪精卫等人都对张謇很尊重。他们不但总是谦虚地找张謇认真地求教，还表示愿意和张謇进行合作。

鉴于张謇在实业方面为国家做出的突出贡献，孙中山就任民国临时大总统后，请他担任临时政府的实业总长一职，可以说对张謇是很尊崇的。然而，张謇并不感兴趣，只是消极应付。他最关心的是怎样才能将中央政府的大权和平移交给他最信任、能够实现他立宪梦想的袁世凯。

而这也是袁世凯所希望的。

一天后，张謇首次见到了领导辛亥革命推翻封建王朝的孙中山，孙中山对张謇说："张先生大才，又一心求取富国强民之大计，您做出的努力世人都是看得到的，也让人无不感佩。我们建立民国，就是希望中国能够富强起来，不再受他人欺负，还望先生多为政府献计献策，积极出力呀！先生若有良策，逸仙我定当随时听教。"

张謇虽然已经转向了共和，然而，对于革命派，他从始至终是没有信心的。张謇面对孙中山的热诚，说道："岂敢，岂敢，我才疏学浅，能力有限，对于这个国家，我们责无旁贷，有一分力就出一分力，我做的还是很不够的。"

接着，孙中山又和他谈了关于革命的问题，什么兵、枪、炮，这对张謇来说是不感兴趣的，待谈话完毕，张謇给孙中山的评价是："未知涯畔"，意思是说，孙中山是一个不着边际的人。

没有多长，张謇和孙中山两人就因为是否与日本人合办汉冶萍（汉冶萍为汉阳铁厂、大冶铁矿和萍乡煤矿三者合称）公司的事情把关系给弄僵了。当时的情况是，革命政权经济拮据，难以为继，孙中山和黄兴等人计划与日本人合作办汉冶萍公司，增资3000万，从中借用500万用于政府财政。

再说汉冶萍公司，它是前清政府最大的企业，在规模上也是亚洲钢铁联合企业最大的。日本早就想得到它。武昌起义前，盛宣怀便通过借贷抵押等一些方式跟日方合作，盛宣怀被清政府革职永不续用后，日本人认为这时是一个机会。

10月28日，日本驻华公使伊集院在致日本外务大臣内田电文中说：

> 盛宣怀避居大连，将为我方关于汉冶萍问题之策划带来甚大便宜，但同时亦有惹起一般民众反感之虞。

3日之后，高木陆郎陪同盛宣怀父子自大连逃往日本。

几个月后，孙中山派筹款代表何天炯东渡日本。何天炯到了日本，通过大冶铁矿商务部长王勋把孙大总统的意思转达给了盛宣怀，盛宣怀回复道：

> 产业抵押贷款，必无人肯借，华日合办或可筹款，但应严定年限、权限为重要，免蹈开平煤矿被英国侵吞的覆辙。

这时，被迫逃到日本的盛宣怀处境是极其微妙的，他在国内的财产已被政府没收净尽。孙中山为了达成此事，令何天炯对他说，他的不动产可以发还，可是已经用的动产恐怕实难追还。孙中山还向他表示："民国于盛并无恶感情，若肯筹款，自是有功，外间舆论过激，可代为解释。”随后，陆军总长黄兴又去函威胁盛宣怀说：“请勿观望……否则民国政府对于执事（盛宣怀）之财产将发没收命令也。”

刚开始的时候，孙中山也对中日合办汉冶萍和招商局“恐有流弊”有所担心，然而为了筹款，还是走了这步棋。而这步棋迅疾遭到张謇与章太炎等人的反对，参议院也对此事予以质问。

张謇自从中日海战后，对日本人就十分愤恨，认为日本人除了明治维新外，都不是什么好东西，再加上一个盛宣怀。盛宣怀这个人张謇是很清楚的，此人奸诈无比，两面三刀，根本是不可信的，他本人认为为了筹款跟日本人合办公司是引狼入室，后患无穷，于是，一再地劝说孙中山，终止此事。在给孙中山和黄兴的信中，他写道：

> 民国政府建立伊始，纵不能有善良政策为国民所讴歌，亦何至因区区百万之借款，贻他日无穷之累，为万国所喧笑？

然而，孙中山和黄兴自有他们的看法。他们认为这是无奈之举，不这样又当如何？便和张謇辩论，两下里谁也说不倒谁。为这件事，张謇很是气愤，感觉孙中山这个人实在也不是救中国的一个人。于是向孙中山和黄兴通电辞职，不再担任实业总长的职位，电文如下：

> 汉冶萍事，曾一再渎陈，未蒙采纳，在大总统自有为难。惟謇身任实业部长，事前不能参预，事后不能补救，实属尸位溺职，大负委任。民国成立，岂容有溺职

之人，滥竽国务？谨自劾辞职，本日即归乡里，特此驰陈。

对于此，孙中山反复向他解释也是毫无用处。当然，张謇的辞职，并不仅仅是为了这件事，在给实业部次长马君武的信中他写道：

下走被任实业之始，即与中山先生面订短期，受状之日，复具书坚约。至清帝逊位，大局将定，而短期之晷线已届，故于第二次致总统书中表明不独为汉冶萍事也。

在当时张謇的心中，只有袁世凯才是稳定大局能够救中国的人。所以，张謇时时想着要为袁世凯的出头出谋划策。

## 洪宪皇帝的立宪

立宪派绝大部分的人，如张謇等，都希望袁世凯揽政，成为新政府的最高领袖，并为之推波助澜，让这个希望变成现实。而袁世凯果然不负众望，在 1912 年 3 月 10 日，当上了中华民国的临时大总统，1913 年当选为中华民国第一任大总统。

1913 年 3 月 20 日，领导辛亥革命的另一个重要领导人宋教仁于上海车站被人暗杀，人们都在怀疑是袁世凯所为，由此，袁世凯便成为了最大的嫌疑人。当然张謇是绝对不相信袁世凯会做出此事的，于是受命进行调停，想洗刷泼在袁世凯身上的“脏水”。他力主将此事诉诸法律，在给袁世凯的信中写道：

**但求人人知觉中有“国计民生”四字，彼此相谅，各让一步……**

宋教仁，在革命派中威望很高。他生于1882年4月5日，字遁初，号渔父，湖南桃源人。他是伟大的民主革命先行者、中华民国的主要缔造者之一，也是民国初期首位倡导内阁制的政治家。曾任中华民国临时政府唐绍仪内阁的农林部总长，也是国民党的主要筹建人。

清光绪二十八年，20岁的宋教仁考进了武昌普通中学堂，第二年入学。在上这个学校的时候，吴禄贞等一些人组织的革命团体在武昌花园山的聚会吸引了他，总是跟同学们谈当时的政治，且很快走上了反清的革命道路。这一年2月，黄兴到了武昌，两人相识且成了志同道合的朋友。没过多长时间，黄兴由于激烈的反清言论被赶出了武昌城。黄兴回到长沙，宋教仁也紧跟着来到这里，为成立革命团体到这里和常德一带做联络工作。

1904年2月，他们组织的以“驱逐鞑虏，恢复中华”的华兴会于长沙成立，黄兴是会长，宋教仁是副会长。

12月13日，宋教仁来到日本，于日本京都成立了同盟会，成为同盟会的主要领导人之一。

1910年年末，宋教仁自日本回到上海，担任《民立报》主笔，用“渔父”这个笔名写出了很多宣传革命的文章。

1911年7月，宋教仁跟谭人凤和陈其美等人于上海组建了同盟会中部总会，邀请或派人来往于上海和长江中下游各地，以促进革命形势的快速发展。

中华民国成立后，宋教仁的威望日隆。民国二年的2月1日，他从家乡桃源动身，由长沙和汉口沿江东下，沿路于上海、杭州和南京等一些地方对党务予以视察。那时候，国民党在选举当中获得很大的胜利，党员们心情激动，士气高昂，宋教仁本人的政治前景也是无比广阔的。他所到之处，很受人们的欢迎，每次欢迎会都是人山人海，盛况空前。宋教仁趁此机会便向民众推广宪政理念，这个理念最重要的就是产生纯粹的政党政治，由国会多数党领袖担任内阁总理，担负起政治上的重任，组成责任内阁。由此先制宪，再依法选举总统。

1913 年，中华民国国会大选，国民党取得全面的胜利，宋教仁正想遵循着欧洲的“内阁制”惯例，用自己党首之身份组阁，没想到，就在 3 月20 日 22 时 45 分，在上海火车站被人暗杀。刺客开枪之后很快就逃走了，无影无踪。子弹由宋教仁的后背打进身体，打中右肋，斜入腹部。

宋教仁中弹后，疼得难以自持。他趴伏在一张椅子上面，伸手将于右任的头拉至自己的胸口，喘息着说：“我很疼痛，恐怕是不行了……”

那时候，在火车站送行的人有黄兴、于右任和廖仲恺等，他们把宋教仁赶紧送到沪宁铁路医院进行急救。在医院，宋教仁向于右任留下遗嘱道：

> 今以三事奉告：一、所有在南京、北京及东京寄存之书籍，悉捐入南京图书馆；二、我本寒家，老母尚在，如我死后，请克强与公及诸故人为我照料；三、诸公皆当勉力进行，勿以我为念，而放弃责任心。我为调和南北事费尽心力，造谣者及一班人民不知原委，每多

误解，我受痛苦也是应当，死亦何悔？

随后，宋教仁请黄兴替他写了一封电报给袁世凯。电文是这样的：

> 北京袁大总统鉴：仁本夜乘沪宁车赴京，敬谒钧座。十时四十五分在车站突被奸人自背后施枪弹，由腰上部入腹下部，势必至死。窃思仁自受教以来，即束身自爱，虽寡过之未获，从未结怨于私人。清政不良，起任改革，亦重人道、守公理，不敢有毫权之见存。今国基未固，民福不增，遽尔撒手，死有余恨。伏冀大总统开诚心、布公道，竭力保障民权；俾国家得确定不拔之宪法，则虽死之日，犹生之年。临死哀言，尚祈见纳。宋教仁。

手术后，宋教仁情况并没有什么好转，大小便中严重出血。21 日下午，宋教仁再次被送往手术室，延至 22 日凌晨 4 时 48 分不治身死，只活了 32 岁。去世后，范鸿仙拍下了宋教仁遗体的照片，现在，宋教仁墓安于上海市闸北公园。

事后警方追查出来的凶手是一个名叫武士英的失业军人、牵涉出来的包括拥有中华国民共进会的会长、江苏驻沪巡查长头衔的青帮大佬应桂馨、清代著名学者洪亮吉的曾孙内务府秘书洪述祖、内阁总理赵秉钧等一些人。武士英被捕以后，先供出是受应桂馨的指示，随后又在法庭上翻供说是个人所为，否认见过应桂馨，后来暴死于上海狱内。各方猜测应属中毒，赵秉钧被迫辞去总理职务。1914 年 1 月，应桂馨出狱之后北上向袁世凯索取酬报，却被人追杀，在逃往天津的火车内被人杀死。当时在天津的赵秉钧曾为这件事抱怨，没过多长时间在家中突然死亡。这让案情更加的迷蒙不清。后来，洪述祖被抓获，以绞刑处死。

然而，不遂张謇之愿的是，很快爆发了二次革命，这件事很让当时的张謇对革命派不满意，指责他们道：

> 沪上罔死之民之众，损失产业之巨，彼作难者何词以对吾民？

全国各地反袁之声哗然，不过，让张謇稍为心安的是，二次革命没过多久，就被袁世凯给镇压下了去，好像国家又进入了和平时期。这年的10月，已经六旬往上的张謇受袁世凯之命，很高兴地当上了中央政府农商总长和全国水利局的总长。

不过，让这些立宪派大失所望的是，袁世凯当上大总统之后，并没有按着他们所希望的方向发展，而是反其道行之。他承诺的拥护共和，遵从立宪，像当年的大清朝廷一样，只是骗人的把戏。其实，袁世凯比当年的大清朝廷还醉心于用武力统一和实现他个人的高度集权和独裁，甚至还想沿用封建皇族的世袭制，让他的子子孙孙们享受至高无上的权力和荣华富贵。这和张謇的想法完全是不挨边的。

张謇是一心为国。袁世凯则是一心为私。这样两个品性极不相同，且相反的人，在时代的冲击下，却也会时不时地走到一起，并成为过命的朋友。现实就是如此作弄人！

对于张謇来说，是非常无奈的。自从他就任国民政府农商总长兼全国水利局总长，就准备大干一场，然而，殚思竭虑却感觉劳而无功，这有什么办法呢？在这样的政治气候下，如何会有功呢？

他发现，袁大总统变得越来越不可理解了，好像不认识这个人了似的。张謇心说：难道是我错了吗？是我看错人了？再回想袁世凯的过去，又觉得，袁世凯也许本来就是这样的人，只是一时被蒙蔽，看不透他而上了他的当，受了他的骗而已。

猴子一上树，就露出了尾巴，袁世凯当了大总统之后，也终于露出了真实的嘴脸。那就是他想当皇帝，并且还是极为专制的皇帝！然而，时代的发展，哪容他任意而为，擅自撒野？

袁世凯从根本上就不相信在中国能够实行民主共和，对他而言，于革命高潮之时跟革命妥协和承认共和制度，只不过是为了达到他扑灭革命烈火的目的而采用的一个策略罢了。所以，他一登上总统的大位，便把国民党人视作眼中钉、肉中刺，大肆为自己当皇帝铺路，并且将这一思想灌输给北洋派。

然而，令袁世凯没有想到的是，他的内阁总理北洋派的唐绍仪就完全不同意他的这一做法。唐绍仪当时认为袁世凯对同盟会的看法过时了些，不合时宜，他想在袁世凯与革命的同盟会之间做些调和。他迎合同盟会的想法于铁狮子胡同国务院里专门设置了国务会议，意在实行责任内阁。规定国务会每星期一、三、五召开会议，周二、四、六国务员们都要去对大总统进行谒见。于推行袁世凯所制定的政策之同时，他又总是想着同盟会一向的主张，只要是认为与同盟会主张向背的，他定会亲自找袁世凯要求改变或者是要求再研究研究，还总是在袁世凯面前为同盟会说好话，不顾袁世凯的反感，且向袁世凯保证说："同盟会诸君都相待甚诚，绝对没有别的想法，更不会与大总统对着来。"

责任内阁是内阁代替总统对国会予以负责，对总统的权力有很大的限制，袁世凯岂是愿意被人家限制的人？于是他内心很不满意唐绍仪，私下说：其实内阁就是幕府班子，你唐绍仪身为总理，也就是幕僚长，你是要我这个大总统听命于你吗？越想越来气……

他又想，这个唐绍仪本是自己一手培养和提拔上来的，如今当了政府高官，不知道感恩图报，却自认了不起，要管起老子来了，真是登鼻子上脸！如今你还和同盟会的人走的那么近，你到底想干什么？要借同盟会和我挣位子吗？你唐绍仪能有多大的能量，能和我袁世凯斗吗？我倒要看看，你唐绍仪整日里和同盟会的人在一起增长了多少能耐！

有一日，总理唐绍仪又跟大总统袁世凯争论起来，而且是毫不相让。袁世凯恼了，心想，狭路相逢，勇者胜，便单刀直入说道："我是老了，少川你来当这个总统怎样？"

唐绍仪字少川。他听了大总统的这句话，顿时惊住了。一位总理，自然不是傻瓜，他从这句话里分辨出了袁世凯心里是怎么想的，对自己是怎样一种看法。

唐绍仪沉默了，一时再无什么话好说。

袁世凯为了打击排挤唐绍仪，暗中让内务总长赵秉钧和陆军总长段祺瑞与他相抗衡。于是，赵秉钧和段祺瑞便在国务会议上先是公然反对划清总统跟国务院的权限，说每件事都要奉令承教于大总统，他们不同意把国务院设为政府必备的一个机构，还呼吁国务员们行动起来响应他们的提议。

南京临时政府于 1912 年 4 月搬到北京没多长时间，对于内务部的司员人选，总理唐绍仪的意见是要求数名同盟会的会员进入，来向世人表明新旧合作得非常好。而赵秉钧要求凡重要的部门一定要用北洋的旧人。

唐绍仪是国务院总理，赵秉钧的后台是大总统袁世凯，因此两人各不相让，谁也不惧谁，吵得不可开交。赵秉钧用“素无共和政治知识”为借口，在会上公开宣布自己要带领着内务部要害部门的全部人员辞职不干了。这一招，果然有用，弄得唐绍仪惊出了一身汗，很是无奈，最后只有做出妥协。

然而，赵秉钧并不满足，自此以后，每当召开国务会议，他经常不肯来，有关内务部的事务，就直接找袁世凯。而袁世凯，则是直接向一些重要的部门做人事推荐，直接下命令，故意把总理唐绍仪隔过去，不经过他。

没过多长时间，袁世凯和唐绍仪之间因为向帝国主义六国银行团借款的事情发生严重意见不和。自打清朝末年以来，英、法、美、德四国银行团就想着一起对中国借款予以垄断，进而对中国政府形成控制。在唐绍仪刚开始组阁的时候，财政方面就极为拮据，可以说已经达到了顶点。唐绍仪遵从袁世凯之命，打着筹备善后的旗号向六国——原来的四国后来又加上了日、俄两国——的银行借款。而银行团向中国政府提出了以监督中国财政为必要条件，他们提出的监督方式有两种，一种是监督用款，一种是监督遣散军队。对于如此不合理故意要挟的苛刻条件，是个真正的中国人，就不会答应。唐绍仪也进行了严词拒绝。与此同时，同盟会也坚决不同意如此借款。为了打破这个烦人的小圈圈，唐绍仪转而向比利时华比银行借了一百万磅。这件事让六国银行团大为恼怒，为了维护他们对中国借款的垄断权，他们便用停止向中国贷款相要挟，驻北京的外交团也向中国政府提出了抗议。作为中华民国大总统的袁世凯让总理唐绍仪向人家赔理道歉，而银行团看他们示弱，更是要求提出取消比利时华比银行的借款协约，而且还对他们自己贷款的政治条件一丝一毫也不肯放松。

对于袁世凯向六国银行团的妥协，孙中山、黄兴等同盟会很不满意，大骂袁世凯是“软骨头”，是自己看错人了。为了解决中国政府的财政困难，黄兴在南京发起了“国民捐”，向广大人民进行募捐。国务总理唐绍仪见同盟会这样做，自己感到很惭愧，更加的从心里亲近同盟会，于是在5月3日，也断然拒绝了银行团的无理要求。

为此，六国银团恼羞成怒，阴险地说：“唐绍仪不愿借款告成……以致中国各界误会各国政见。”

此时的袁世凯正需要国际上对自己的支持，唯恐这些国家不高兴，见他们如此说，也十分的懊恼，怒道：“都是这个唐绍仪，净干些‘好事’，好事都给他办坏了！”

于是赶紧一边命财政总长熊希龄跟他们进行谈判，一边着手让唐绍仪滚下总理的位置。

也就在这个时候，王芝祥事件发生了。王芝祥任直隶总督本来只是唐绍仪在组阁的时候给同盟会的口头答复，且袁世凯也表示了同意。却不知这不过是袁世凯的权宜之计，空头许诺而已，主要是想骗取同盟会的信任，让他们同意唐绍仪组阁政府。实际上，袁世凯一向把直隶看成是自己的发迹地，一般情况下他是不会让跟自己毫无关系的人来管这个地盘，况且这个王芝祥又和同盟会十分亲近。于是袁世凯便私下做了精心的布置。当王芝祥被直隶省推举为都督向袁世凯呈报的时候，直隶就有五路军队忽然起来反对了，不愿让王芝祥当这个都督。袁世凯便顺水推舟以此为由头，让王芝祥到南方军队当宣慰使。对此，唐绍仪表示反对，他对袁世凯说道："大总统，我们政府不应当以军队反对为由而失信于民。"

坐在一边的段祺瑞是袁世凯的亲信大臣，听了这话，他马上进行了反驳："如果军队施行暴动，这个责任谁来负呢？"

袁世凯看看段祺瑞，又看看唐绍仪，满脸横肉地笑笑说："除了这事以外，什么都可以听总理的。"

然后，就把没有经过总理签名的委任状交予了王芝祥，命往南京办理遣散军队，将冯国璋任命为直隶总督。

此时的唐绍仪心里已经明白袁世凯的图谋，就是想架空他唐绍仪，他跟了袁世凯二十多年，对袁世凯的毒辣手段是相当熟悉的，于是，便急忙写了辞呈，没有向袁世凯告辞，就逃往天津去了。

唐绍仪走后，袁世凯又重新组阁。

民国建立之初定有《临时约法》，其中规定最高权力机关是参议院，国务院负实际上的责任，国家所发布的法律命令和所有公文都一定要国务院副署。虽然总统有对官员的任免权，但是，行使这项权利一定要有国务院签名副署才可生效。而此时，参议院一些同盟会议员见袁世凯没有经过副署就擅发委任状，感觉这实在是一种违背《临时约法》的行为，便向袁世凯提出质问。而袁世凯说："我是大总统，委任官员本身就是大总统的职责所在，参议院不应插手此事。"又说："参议院如果要强行将总统发布的委任状撤销，那就先把我这个大总统撤销了吧！"

在袁世凯的压服下，参议院不得不做了让步。袁世凯扶持赵秉钧上台做了总理，赵秉钧行事都顺着袁世凯，使内阁形同虚设。之后，袁世凯感觉《临时约法》和参议院实在是碍事，对自己登上皇位不利，于是干脆取消了这个《临时约法》，强行遣散了参议院。

这一切都是看在张謇眼里的，所以，当张謇获悉袁世凯的确要称帝的消息时，心中极为愤然，他于1914年9月给一位朋友的信中写道：

世事政局，无可复言……人莫哀于心死，国莫哀于民亡。

张謇反复劝说袁世凯放弃登帝之想，然而，当皇帝对于袁世凯来说，是他梦寐以求的事，他认为只有当皇帝才是世间最荣耀的事。这一段时间他的眼中总是浮现出历代帝王安享天下的"高大"形象，他已经铁定了心，是无法改变的。当然，袁世凯要是一心走复辟之路，张謇是绝对不会再跟他的，无奈之下，便向袁世凯递交了辞呈，愿意回归故里。然而，张謇还想最后再劝劝袁世凯，以做最后的努力。于是，他又面见袁世凯，要他悬崖勒马。这次谈话，张謇真是煞费苦心，掰开了揉碎了，对袁世凯进行劝说，谈话足足进行了两个小时，然而袁世凯就是听不进去。

袁世凯也是个明白人，他明白张謇和自己不是一路人，也根本留不住张謇，他虽然爱惜张謇之才，希望他能为己所用，但还是决定批准他的辞呈。12月13日，袁世凯于中南海居仁堂接受百官朝贺之同时，张謇请求辞去水利局职务，终获批准。袁世凯还固执地对张謇说："你们不让我当这个皇帝，若是找个明朝皇帝的后代当皇帝，你们就不会反对了。"

张謇由此回归故里，依然办他的实业去了。

袁世凯自从当了皇帝之后，给张謇写信时的称呼也变了。张謇原来是他的老师，给张謇写信时称呼张謇为“夫子”，当他做了大官之后，就不再称呼张謇为“夫子”了，改叫“季老”了，如今当了皇帝，便觉得再称张謇为“季老”有些降低自己的身份，于是，直接把“老”字给免了，称为季兄。就这他还觉得有点高抬张謇了，想一位皇帝称呼他为“兄”是多大的荣耀呀！张謇看了袁世凯给自己写的信，心内自是生气，回信给袁世凯道：“你的身份越来越尊贵，对我的称呼就越来越降低，先是由“师”降为“老”，再由“老”降为“兄”，不晓得还要降到何处去?”

袁世凯的日子也不消停，他虽然如愿以偿地自称了皇帝，登上了帝位，并改年号为“洪宪”，然而，中国的民众受君主的压制实在是太久了，没想到，刚推翻清朝的皇帝，建立了民国，喘了一口气，就又来了一个洪宪皇帝袁世凯，他们哪能接受？那真是群起而攻之！特别是云南的都督蔡锷组织护国军誓师北上，一定要把他灭掉，声势浩大，将袁世凯弄得内外交困，心忧如焚。

就这样，在一片反对声中，在炮火的轰炸中，刚当了83天皇帝的袁世凯众叛亲离，不得不宣布废除帝制。

6月6日，袁世凯于郁愤中，因肾衰竭而凄然死去。他的乱世枭雄的气魄到这里算是彻底用尽了。

张謇闻说这个消息，心里很是感慨，当晚在日记中写到：

> 三十年更事之才，三千年未有之会，可以成第一流人，而卒败于群小之手，谓天之训迪吾民乎？抑人之自为而已。

和张謇不同的是，著名立宪人士汤寿潜，他始终对袁世凯表示不屑，即便是袁世凯当了正式的大总统之后敦促他出任公职，对他进行笼络，他也毫不理会，断然拒绝。另外，在铁路国有的问题方面，汤寿潜依旧保持着以前的主张不放松，虽然被好友张謇和熊希龄劝说一番不再表示公开的反对，然而，心里始终不服气，还是坚持原来的主张。在发现袁世凯想称帝的野心之后，张謇却又与汤寿潜走到了一起，他们两个明确地表示出了跟袁世凯一刀两断的决心，并坚决地反对袁世凯称帝。可见，他们两个于大的政治原则方面上是一致的，而于某些具体事情上互相包容不同的意见，这给他们两人的友情增添了不同的特色，体现出了一定程度上的民主作风，这也和他们一贯主张的立宪精神是保持一致的。

## 其实真有心大干一场

张謇在 1913 年 9 月 18 日来到京城北京，当上了工商、农林两部的部长。

张謇首先想到的是推行自己的经济改革思想与办法。然而，他头脑很清醒，明白这个时候居于这样的职位责任重大，前途难料，干什么都充满了困难，有着极强责任心的张謇还是出任了这个要职。他诚恳地说：“也许这个时候非常的艰难，我不敢不出，以尽一个国民之义务。但是外观时事，内忖精力，这个义务能尽到几分，能收几分之效，以报我国人期望之万一，却毫无把握。……可以告国人的，唯矢此勤勤恳恳之心，与国务院诸君，交成职责而已。”

因此，张謇一就职首先提出了针对国家与社会经济状况的施政纲领。对于国家目前所面临的经济困境与应对原则，他首先指出：

民国肇建，内乱外患，稠叠洊至，借款累累，债权四压。权政府度支之数，用之于军政之消耗犹恐不足，然亦当以十之四、十之三谋生计之扩张。权人民漏卮之数，则增加熟货之输出犹病未能，然亦当就千之八、百之一求输入之低减。（张謇《在国务会议上发表实业政见宣言书》）

接着，依据自己多年实业救国的体验，于原先产生的改革经济制度设想的基础之上，提出了解决办法。他说：

二十年来，所见诸企业之失败，推原其故，则由创立之始，以至于业务进行，在皆伏有致败之衅，则无法律之导之故也。将败之际，无法以纠正之，既败之后，又无法以制裁之，则一蹶而不可复起。或虽有法而不完不备，支配者及被支配者，皆等之于具文。前仆后继，累累相望，而实业于是大隳。（张謇《在国务会议上发表实业政见宣言书》）

因此，他提出农林工商部的第一计划便在于立法。

在金融方面，张謇认为最重要的是革新与稳定市场，他说：

近十年来，商场之困顿不可言喻，盖以国家金融基础不立，而民间钱庄、票号等金融事业，索索无生气，重以倒闭频仍，信用坠地。于是一国现金，非游荡而无所于归，即窖藏而不敢或出。（张謇《在国务会议上发

表实业政见宣言书》)

对于这个问题，他主张最好的办法就是确定把中央银行作为金融基础，然后再立地方银行，予以辅助；严格执行银行条例，保持民办银行、钱庄、票号的信用；改定币制，增加通货。

对于不合理的关税制度，张謇说：

今世界大通，国际贸易日增月盛，则关税之影响于农林工商业者尤大。（张謇《国际公法学会讨论加税免厘之意见》）

他认为对于洋货之关税最好是按照输出输入物品的性质分别对待，不应按照旧条约以值百抽五或者是值百抽七五一律对待。应当灵活，有的物品可以重收关税，即便是值百抽五十甚至是值百抽百也没有什么不可以，有的可以轻收关税，即便是不足值抽五甚至是完全免除关税也没有什么不可以。课税的物品应看国内需要的程度和消耗的程度而定等差，消耗的物品当中，又应看奢侈的程度而定等差。用这个办法可以保护我们国内的产品。

对于我们国内的产品，他认为需依照国际惯例对出口税给予减免，并努力争取关税自主，他说：

出口税轻重由我，则国际市场上庶有我国商人容足之地，而国民经济上，或可渐有生动之机。（张謇《国际公法学会讨论加税免厘之意见》）

对于国内的商品流通税收制度，他提出：

农工商之政策，惟借税法为操纵，或轻减以奖励之，或重征以抑制之。盖未有不顾农工商之痛苦，而纯然以收入之目的，为征收之标准，猥日苟且以济国用者也。（张謇《国际公法学会讨论加税免厘之意见》）

张謇认为对民营企业应当施行奖励和辅助的办法。他说：

凡大企业，资金巨而得人难，实皆含有危险之性质，……故各国皆有奖励补助之法，盖诱掖之，使之发展。（张謇《国际公法学会讨论加税免厘之意见》）

张謇还主持制定了《保息条例》等一系列的政策与法规。这些法规和政策规定对已经开办的取得不凡成绩的都给予相应的奖励和辅助。对于新办的大企业，根据他们资本数额的多少给予他们为期3年3—5厘的利息补贴，这也就是“保息”。张謇想以此来提高他们的积极性，从而加快中国实业的发展进程。

自洋务运动开始，清朝朝廷与地方都开建了一些企业，然而，因为经营上的问题，效益很不好，有的甚至是亏本。建立民国之后，这样的官办企业还是开办着，并且是境况越来越差。张謇对于这些轻工企业也主张施行全面的改革：

自今为始，凡隶属本部之官业，概行停罢，或予招商顶办。惟择一二大宗实业，如丝、茶、改良制造之类，为一私人或一公司所不能举办，而又确有关于社会农商业之进退者，酌量财力，规划经营，以引起人民之兴趣，余悉听之民办。（张謇《向部员宣布农林工商政策的通告》）

对于以后刚开办的矿冶企业，张謇提出应采取官民分类开办之办法：

> 惟食盐、煤油二种定为国有，其他各矿在国家方持开放主义，原无与民争利之心。然如铁、如铅，不特为轮轨机械之所以必需，亦实为枪炮弹药之原料，而采炼费巨，听民自为，动多流敝。似宜济以官力，免蹈汉冶萍覆辙。至金、银、铜、镍等矿，为造币所必需，亦拟各择一二矿产富饶之区作为官矿，以为民间之模范，以辟政府之利源。（张謇《拟具官营矿业办法呈》）

对于国内资本短缺厉害的问题，张謇则主张应积极利用外资解决。他指出，利用外资是振兴实业和挽救贫弱的好政策。同时，他又认为，利用外资会存在一种危险，必须要慎重地对待，施行以我为主、平等互利的政策，可以采用合资、借贷、代办等多种形式引进外资，量力而行，尽量避免被欺诈。张謇还要求利用外资一定要以振兴国家实业为基点，以有利于国家财政为其次。外资企业必须要对中国的法律予以遵守，不然一概取缔。于经营和管理方面，绝对不准外国人全权处理，应是中外两方一起进行管理，一起获得利益，一起承担风险。

张謇的这些施政纲领，是于相应的时代要求、总结历史教训、借鉴外国经验基础上，遵循资本主义现代经济管理理念而提出的，主旨就是想要建立一种能够促进与扶助国家与社会经济发展的制度与政策。这些纲领顺时代之发展，切中时弊；不但有继承，而且有开拓；不但有目标，而且还有措施；真可以说是一个富有改革性、开创性及务实性的资本主义现代化经济制度改革纲领，并为张謇于任职期内逐步付诸实施。

张謇既然当了这个官，既然想真正的干，就必须要他所辖的各级机构更能高效地办事。对于之前的机构，他是不满意的。所以，他上任之后，马上对政府的各级经济管理机构进行调整。

那时候，中央政府的经济管理机构设有农林、工商两个部，各类官员多到400余人。可谓是机构臃肿，效率低下。张謇对两个部的各级官员们说：“国家的林农和工商部门就是要干大事的，都是为民生利、供政府分利的地方。这两个部门如果不想把事情干好，或者是想做而无目的、无好的办法、分利过当，便会给人民和国家造成损失。”

张謇向两个部的各级人员发出通告：

> 国家设官分职，有职然后有官，用人者为事务求人才，非为个人谋位置。……用人之标准，当视办事之范围，有官而无事者，存其官而不必置其人；有事而人多者，减其人，以适当于事。（张謇《关于工商农林两部用人原则之通告》）

张謇发出通告之后，马上开始逐条实施。他将这些机构整改办法与设想贯彻到整顿部务当中，将两部合并，将原先两部所设的8个司改作农林、工商和渔牧3个司。为注重矿政着想，特置一局，总共是3个司，1个局。任用人员，计总长1名、次长1名、参事4名、司局长4名、佥事32名、主事50名、技监2名、技正16名、技士32名，总共是142名。与裁减冗员的同时，又添加了50多名专职的技术官员。于各司局的职责规定内，全将提倡、奖励和改良农工商矿事项列在了首位；参事的职责则规定为掌管拟订关于本部主管的法律与命令案事务。于张謇任期内，农商部始终保持着这一机构与人员结构状态。不但精简了机构，裁减了不必要的人员，而且还促进了经济发展。

将部务整顿完毕后，他又添加与完善了一系列部属专职机构从事各项专门的经济改革与服务工作，并给予负责。这些机构是：巴拿马赛会事务局和驻美赛会监督处，矿务监督署，棉、糖、林、牧试验场，工业品化验处，商品陈列所，权度委员会。事实证明，这些新添置的机构，确实发挥了很好的职能作用，为国家的经济建设作出了一定的贡献。

不仅如此，张謇还对制定经济法规完善经济秩序作出了许多贡献。

张謇一上任，便对大总统袁世凯提出了加速制定经济法规的两点建议。第一点建议：

> 本部职任在谋农工商业之发达。受任以来，困难万状，第一问题，即在法律不备。非迅速编纂公布施行，俾官吏与人民均有所依据，则农工商政待举百端，一切均无从措手。为此，夙夜图维，惟有将现在农工商各业急需应用之各种法令，督饬司员从速拟订，如法公布。即其中有关涉法典范围，向归法制局编纂，如待全部法典完成，非数年不能竣事。拟由本部择其尤要，如公司法、破产法等，分别定成单行法令，作为现行条例，以应时势之要求。（张謇《关于整饬国货办法给大总统呈文》）

第二点建议：

> 案查前清农工商部奏交资政院会议之《商律总则》、

《公司律》二编草案，较前清所行之商律，增多三（二）百余条，颇称完备。资政院议而未决，适值闭会，遂与新刑律一案同遭压阁。民国初建，所有前清议而未决之新刑律，已奉大总统令，认为有效。而此商律案，同为前清政府奏交资政院议而未决之案，则未见明文。兹再复加考核，觉此项法案，实为工商部目前对内对外切要之需。又查前清工商部奏摺内称，此案系采取上海总商会及商学会、预备新立宪公会等所呈送之商法调查案修订而成。而该商会等则由专聘通晓商律之士，调查各埠商业习惯，历时三载，然后参酌法理，编纂而成。观其斟酌之不厌求详，庸冀推行之必能尽利。因为急需应用起见，拟即用为工商部现行条例，改《商律总则》为《商人通例》，《公司律》为《公司条例》。用敢合辞呈请大总统交付国会议决公布，作为工商部现行条例。（张謇《关于整饬国货办法给大总统呈文》）

袁世凯听张謇说得如此有理，也深表赞同，很快作出了批示。

不过，袁世凯也不是那么好说话的。尤其是为了制订《公司保息条例》和《植棉制糖牧羊奖励条例》等关系到政府财政开支的法规，张謇真是很费了一番劲，数次向大总统袁世凯上书，然而总是得不到袁世凯的同意，这样的大事得不到袁世凯的支持是根本无法成就的。于是，张謇就旁征博引，用尽词汇来向他讲解制定公布与修订这些法规是多么的重要。以张謇的才学和与袁世凯的师生交情，最终获得了袁世凯的同意。

在制订这些法规条例的过程中，张謇少不了要与相关机构的相关人员进行细致的沟通、磋商，来获得他们的赞同和支持，也使得这些法规和条例更加的完善，每一步都做得很不容易。张謇在短期的任内，真是日理万机，很是辛苦。比如国务院、参议院、众议院和法制局等国家机构及相关人员都是少不了的，还有工商界，张謇也是不能忽视的，也要吸收他们提出的合理意见，若真不能吸收，便给予他们解释和说服，他是上下兼顾，上下奔走。

中华全国商会联合会于1914年3月至4月间召开首次全国代表大会。在此次大会中，专门对工商法规问题进行了讨论。对于那些还没有颁布的法规，大会请求政府赶紧制定颁布；对于已经颁布的法规，也提出了许多修改、补充与实施的建议。张謇对于这些工商界人士的建议及意见，即便是有的法规已经颁布实施，难以吸收与采纳，他还是相当的重视，且尽力采取补救措施。他对此次大会关于商律案决议的呈文批示道：

> 所提建议均具卓识，深堪嘉尚，当由本部酌量采择，分别订入施行细则，或转咨法律编查会，以备编订完全商法典，及破产民事诉讼律之参考可也。

张謇在之后制定的有关法规的实施细则里，一定程度地对工商界的这些意见和建议给予了吸收和采纳，并且还对某些法规条文进行了修改。

因为张謇坚持不懈的努力，让刚刚建立的民国的经济法制建设才能如此迅速和相当顺利地开展起来，一系列的经济法规方能制定与颁布，且赢取了工商界众多人士的拥护和支持，于很大程度上对民国时期的资本主义经济秩序给予了改善，也给那个时代的中国资本主义经济法制体系打下了基础。

# 9 改造南通——创造中国现代城市的勇敢尝试

## 真心公益事业

张謇创办实业的成功，带动了他对于社会上公益事业的关注，并热心去办理。读者朋友们都知道，他创办实业就是挽救这个濒临灭亡、多灾多难的国家，并非是为了自己财富的增加。这一点和那些纯粹的商人是不同的，应当说，张謇不是纯粹的商人，他是一个忧国忧民的读书人，是因为时势所迫，不得不从商挽救这个国家。这一点说好理解也好理解，说不好理解也不好理解。对于那些爱国心较为强烈的商人来说，就好理解，对于那些爱国心不强烈的商人来说，就难以理解。对于一般的商人来说，都是把利益看作第一的，张謇混迹于商人圈中，自然就会让这些人有许多不理解之处。

有的说："张謇这人，苦心经营实业，也不知道到底是为了啥？挣到钱了，又随手撒出去，毫不可惜！"

有的说："有点心理问题，神经上有毛病！"

有的说："张謇办实业就是为了让中国富强起来，他是一心为国。"

有的说："没听说过实业能够救国的，商人赚钱都是为自己，不为自己赚钱的商人，在这个世上几乎没有。"

有的说："什么为国，说得好听，搞来搞去，还是为自己。"

有的说："说是救国，那只是张謇打出的旗帜而已，他是打着救国的旗帜大赚其钱而已！这就是张謇的高明，不要忘了，张謇可是有状元之才的。"

说什么的都有，什么看法都有，自然在和张謇当面交往的时候，就会呈现出各种不同的看法和表情。

张謇对于此，毫不在乎，他从没有放在心上过。他坚定的一条就是挽救这个国家的命运，从此不再遭受那些列强们的欺凌！他才不管别人是怎么说的呢！

人家说他是打着救国的旗帜赚自己的钱，他坚信事实会证明一切的。他说："我张謇光明磊落，上无愧于天，下无愧于地，只知救国，别无他顾！"他还在文章中感叹说：

> 嗟夫，实业教育：穷苦事也！公园则逸而乐：偿劳以逸、偿苦以乐者，人之情。得逸以劳、得乐偿苦，人之理。以少少人之劳苦，成多多人之逸乐，不私而公者人之天。因多多人之逸乐，奋多多人之劳苦，以成无量

数人之逸且乐，进小公而大公者天之人。（南通市港闸实验小学《学校创始人张謇先生生平》）

他以朴素的辩证观点，认真思考了劳和逸的关系，说明兴办这些事情是多么的重要，也表明他不怕辛苦的人生态度。他兴办地方养老院的时候，说得很明白：

养老：慈善事也。迷信者谓积阴功，沽名者谓博虚誉，鄙人却无此意，不过自己安乐，便想人家困苦。虽个人力量有限，不能普济，然救得一人，总觉心安一点。

天之生人也，与草木无异，若遗留一二有用事业，与草木同生，即不与草木同腐，故踊跃以从公者。做一分便是一分，做一寸便是一寸，鄙人之办事亦本此意。（南通市港闸实验小学《学校创始人张謇先生生平》）

张謇为了使国家更快地富强起来，是为了实用才做这些事业的，并非是为了空好看，或者为了扩大自己的名望，从而使自己赚取更多的钱财。

对于教育事业，他的中心问题就是启迪国人的智慧。他开办更俗剧场，就是为了使他能够成为普及教育的工具。他对戏剧进行改革，对陋习进行改革，办博物苑，其中心目的就是为了普及自然科学知识。

张謇坚持把气象台建在军山顶上，使人一抬头便能看得到。他认为，如此才能增强人们重视天气预报的观念，从而更好地利用。

张謇开办的这些地方事业，一般全是全国首创，也就是说在中国还没有出现过。由此可以想见，他创办这些的时候，肯定是非常不容易的。尤其是文化事业，它们不可能如工厂一样能够生产，全是要往里面白白垫钱，根本就别想着会从中捞钱，然而，这却是富强中国必不可少的。对于张謇来说，是必须要做这些事业的，然而，对于别的商人来说，就不同了，见不着利，是不会白白地向里面投入的，也根本不会支持这些事业的，就是张謇想从他们那里得到支持也是很不容易的。回忆当初张謇开办大生丝厂时候筹措资金的艰难就能明了如今开办这些文化事业的艰难了。

面对困境，张謇从没有退缩，为了民族的复兴、国家的富强，他什么都能忍受，什么都能做，什么困难也要想办法克服，就像他说的那样：

> 下走以为天下无不可成之事，事之艰难颠沛，对于个人，乃为磨练；对于事实，则为促进。若因艰难颠沛而不为，成于何望？（南通市港闸实验小学《学校创始人张謇先生生平》）

他建的更俗剧场，夏天动工，在重阳节的时候便建成了，速度很快，可见张謇为民族复兴大业做出了多少努力，付出了多少热情。

这些事业都是张謇自己出钱来办的，没钱的时候，他也是急得团团转。那一年，他七十岁，竟然在酷暑季节当街卖字，挥汗如雨，进行筹款！

## 博物苑与图书馆

1903 年，张謇东游日本考察参观东京帝国博物馆的时候，心中就涌出了一个崭新的念想：回国之后自办一个为教学和农业研究服务的博物苑。

回国之后，张謇忙得不可开交。为了创办师范学校，他是马不停蹄，根本无暇顾及博物苑的事。直到师范学校建成之后，一时松懈下来的张謇才想到博物苑的事，于是开始勘察地皮。在师范学校的西边“徒荒家千，并居民三十许”，开辟了一个植物园，给师范的学生当实验园地之用。

之后，教学范围不断增大，为了让学生更加贴近地接触实际，又亲眼看与动手实验的地方，1905 年，张謇把这块将近四十亩的植物园升级成了博物苑。这个博物苑在关系上依旧属于师范学校管辖，将曾经留学日本的孙锁聘请来当主任，开始动工建设房屋。

先建的是三间平房，作为中馆，上辟十四平方米的平台，将观测仪安放其上。中馆是测候所，自宣统元年起，每天进行天气预报，它的南馆便是博物馆。博物馆内陈放的文物分为天产、历史、美术和教育四个部分。北馆是化石馆，建得稍微晚一些。别的还有假山、水池、花房、草坪和斋亭等等。

到了民国的时候，南通师范学校划归省管，博物苑便自已独立了起来，不再归师范学校管。博物苑里边拥有好几名金石、考古、矿物和书法绘画等方面的专家，这些人个个忠于职守，勤奋工作，有着非常强的事业心，对各种物品进行广泛地征集和鉴别。到了1933年，博物苑内的苑品已经达到了3605号。最为兴盛的时候，动物园内有珍禽老虎，植物园内有琼花丹桂，陈列品中有能动的轮船、火车等许多机械模型，让人流连忘返，不忍离去。真正成了普及科学知识与陶冶情操的教育场所。

对于图书馆，在1905年，张謇便曾给张之洞写信说：

> 夫近今东西各邦，其所以为政治学术参考之大部分以补助学校者，为图书馆，为博物苑。

到了后来，在他搞立宪运动的时候，又向大清的学部上书，要求开办图书馆，他说这是预备立宪自治章程第一款一定要办理的事情。

在真正确定开办图书馆的时候，张謇又想，图书馆所在地一定要“爽垲”。经过认真勘察，仔细琢磨，他觉得应选东岳庙作为图书馆的所在地。在辛亥时，把帅庙改成医校，把岳庙改成了图书馆。所办经费先后用了两万六千四十三元，一年用钱就两千四百元甚至更多一些，都是张謇一人承担下来的。这些钱有百分之六十都是张謇一个人拿出来的，其余的是他向自己的好朋友们借的。馆内图书都是由外界捐赠和图书馆出钱买来的，从一本到两本，慢慢增多。到了1924年，馆内藏书已经有十五万多册中文图书，外文书也有近千册，其中，西文六百多部，日文书三百多部。藏本内木刻有十三万多卷，另外订有许多中日报和杂志。

图书馆里建有一个阅览室、一个阅报室、一个曝书楼，安排五名管理人员对借阅处进行管理。张謇对馆内的图书极为重视，制订出了非常严格的借阅制度。凡长时间进行阅览的，一年收取的费用是两元，短时间借阅的，每天收取的费用是两枚铜元。学生来看书，必须要拿着学校开办的介绍信，不然的话，全部予以拒绝。图书馆工作时间是上午九点至下午两点，中午休息。每星期二是图书馆休息日，一律停阅。寒假期间休息十天，夏季酷暑季节，因为潮湿，需要晒书，因此大晒书的时候，也要休息，停止借阅。

张謇开办的这所图书馆，虽然于管理方面还有不少缺点，然而，意义却是重大的，对地方上的智力提高有着极为重大的影响。

## 更俗剧场

一天，张謇将欧阳予倩请到自己的住处，对他说：

“欧阳先生，我知道戏剧事业是很重要的事业。所谓事业可以振兴经济，教育能够启发民智，而戏剧不但能够繁荣实业，还能够补助教育的不足呀！”

欧阳予倩听着张謇的话，很佩服张謇的见地，禁不住激动地说：“是呀，四先生说得很好呀。”

张謇道：“我想请欧阳先生东渡日本考察一下那里的剧场，回来后咱们也开办一个剧场，不知欧阳先生意下如何?”

于是，没过几日，欧阳予倩便听从张謇的建议去了日本，对日本的各大剧场进行考察，还三次对各大剧场的总顾问进行了专程的访问。回来以后，张謇又和他商量着对上海和北京的各个演出场所之优劣给予了认真的分析和调查。

1919 年开春，张謇开始建造剧场，所选地址就在桃坞西路。

张謇先是组织董事会筹钱，然后是斟酌图纸，且把欧阳予倩请来参加审定。图纸审定，钱资筹措得差不多的时候，就在那一年的夏季开工，昼夜不停地赶工。那时候，桃坞路还没有通电，工地上到处都挂着汽油灯。自剧场的主楼至表演大楼与四合院供演员们住的地方，再加上停车场，这个占地几十亩的大型建筑群，到重阳节的时候，全部竣工。前后算来，仅仅用了四个多月的时间，其速度可谓是非常快的，于当时之中国找不到第二。

建成之后的更俗剧场里方外圆，是当时全国首座地方剧场，在设备方面也是全国独一无二的。剧场场地分成上层和下层，楼下最前面是特别厅，藤面翻椅。楼下最前的一排是月楼，次排三排是特别厢，厢内也全都是藤面椅。整座剧场共有一千两百来个座位，视线都非常好，毫无阻碍。张謇还在舞台的底层放置了10数口特制的大砂缸，以助发音共鸣，使得演员在舞台上的唱白声音甚是清晰和洪亮，效果非常好。舞台前边和后边都很开阔，地方相当的大，毫无狭小之感，空气流通，给人的感觉非常的舒适。舞台之上低垂的大幕有三道，舞台地面是特别定制的地毯，其上有三座天桥，能装置活动布景。

张謇为这个剧场煞费心血，为了改造社会上的腐朽风气，除旧布新，移风易俗，张謇专门给剧场取了一个非常恰切的名字——更俗剧场，也就是改变旧风俗的剧场。于演出内容上，要求剧场一定要上演思想健康的剧目，“更俗”旧剧，精选有益于世通人心的，坚决摒弃淫滥无稽之剧目。

如果依传统的习惯，只要是刚刚开办的剧场戏台，于首次演出之前必须要举办一次“破台”仪式。所谓的“破台”仪式也就是让5个武生演员装扮作头披长发，手拿钢叉的五鬼星宿，朝端正地坐在戏台正中的由重要演员装扮的“姜子牙”进行报到，受令之后逮来一个里面装着猪心猪肠子的稻草人代替的苍鬼，点燃焚烧，喻示已经把妖魔给除掉了，从此不会再生祸灾，剧场生意顺利兴隆。最后于吹打之乐中，结束破台。

而张謇根本不信这个可笑的鬼把戏，完全认为这是不利于文明愚弄人民的陈规陋习，一定要破除不可。自己把这个剧场命名为“更俗剧场”是为什么呢？就是为了破除这无用的愚弄人民的破玩意儿。于是，他想了一个新鲜的办法，让一个人手里拿着点燃的蜡烛，去前边带路，他自己则于后面跟着，各处走一遍，就算是破台了。然而，张謇这样做，人们都很不明白，说：“四先生这是做什么？难道这便是破了台吗？”

张謇笑说：“这便是破了台了。”

人们疑惑说：“拿着蜡烛到处走走这就是破台仪式吗？”

张謇笑道：“这就是破台仪式，以我们中国人的看法，状元都是文曲星下凡的，我也是状元呀，鬼怪算什么？哪个不怕文曲星君呢？我这文曲星君到处一走动，它们看见了必然害怕，赶紧就逃跑了，哪还敢再在这里作祟？”

众人见说，觉得有道理，可是心里总是不怎么踏实。

张謇说：“如此多省事！哈哈！”

不过，“破台”之后，连演了十来天的戏，也没出什么祸灾，这才都放下心来。都说：“怕啥？有我们的状元保护着呢！”

以前的戏园子总是非常的热闹，说话声、吵闹声，真是人声鼎沸，一片扰攘，而张謇建的这座更俗剧场就不同，它一改过去的那种陋习。张謇自己与欧阳予倩两人细心琢磨拟定了一个十二条剧场的规矩，最主要的一条就是不准高声喧哗，他们认为这样影响别人。十二条规定凭票进场，对号入座，不另加座位，不准带小孩，不准高声怪叫，不准吹口哨，不准戴着帽子随意走来走去，等等。也不允许在剧场内嗑瓜子，若有携带者，可放在门口警卫处，待出场的时候取走。到了后来，用了几名儿童，让他们身上穿了红背心，背心上绣着“敬诸诸君勿吃瓜子”八个白字，总是在人行道上走来走去，让人们都能看到他们。若发现有人不自觉吃瓜子，他们就会手里拿着精美的小扫帚与小簸箕过去打扫，很是显眼，使人们不好意思再吃什么瓜子了。后台也有规定，规定他们不准迟到和早退，不准私自带人来看戏，不准带酒上台，不准甩垫子和扒门帘，不准逗笑和喧闹。规定剧场演员不准“跳加官”、不准“唱堂会”、不准穿红衣服送客人。门卫穿呢子制服，招待员穿深灰色的有标志的长衫，不允许收小费。出海报的时候，演员需用自己的真实姓名，不提倡用艺名。诸项制度一经订立，无论职位大小，均要严格执行，就连张謇本人进场看戏也要拿戏票。当时，欧阳予倩很是自豪地说道：“我们更俗剧场秩序非常好，就是整个中国，也找不到第二家。”

张謇要求更俗剧场演出的戏剧尽力做到“感劝与慰藉参半”，寓教于乐，主要弘扬的是艺术，对世俗进行劝勉。经常上演的剧目有传统剧目如《聊斋》和《红楼》，时装戏如《情天恨海》和《血泪碑》，歌舞戏如《快乐的儿童》和《南阳菊》、西装戏如《社会阶级》和《拿破仑》，反映反抗种族压迫的《黑奴吁天录》等。

1922年，更俗剧场还放映过电影，当时非常著名的人物梁启超和美国教育博士杜威都上台进行过演讲。名角像梅兰芳、程砚秋、杨小楼、盖叫天等一些人都曾在此登台，即便是当时名重一时的袁世凯的第二个儿子袁克定也来此客串过几个昆曲的剧目。尤其不能不提的是欧阳予倩和梅兰芳大师的联袂表演，使更俗剧社更是家喻户晓。后来，张謇为了纪念这两位大师，也为促进南北两派京剧艺术的交流，专门把更俗门厅楼上的一间房子定为“梅欧阁”，请翁同龢书写这几个大字以示郑重。并请他亲自书写了一副对联：

南派北派汇通处，宛陵庐陵今古人。

另外，更俗剧场还自办了一个名为《公园日刊》的刊物，张孝若为社长，编辑是施北沧和徐敬成。《公园日刊》主要介绍的是戏剧知识与上演的剧目，有时候也刊登一些富有情趣的小品文和新剧本连载等。

张謇在更俗剧场里还组织了“救火会”，会员有二十多人，欧阳予倩也饶有兴趣地充当会员，其余便是一些武生演员，他们都身穿着黑色的呢子制服，头上戴着钢盔，脚上蹬着高筒皮靴。

水龙头和救火车是救火会里常备的救火工具，火灾一旦发生，救火会就马上去救火。有的时候，舞台上正在演出，也必须抽调人员去救火。救火才是最为重要的事，这是人们生命的保障。所以，来这里的观众都会有一种安全的感觉。

## 欧阳予倩

自从欧阳予倩被张謇请到南通之后，为张謇出了很大的力，也为中国的戏剧事业作出了很大的贡献。因此张謇在更俗剧场里特别设了“梅欧阁”作纪念，“梅”是指梅兰芳，“欧”就是指欧阳予倩。

在张謇心里，欧阳予倩向来就和梅兰芳是并列的。他不仅请来梅兰芳和欧阳予倩同台演出，还编撰出版了一本诗集《梅欧阁诗录》。

对于他们两个，张謇向来是视为左右手的，很是倚重。他们两个长期共事，一起合作，于南通戏剧进行改革的过程当中，建立了极为真挚的感情。

欧阳予倩在1919年5月南通西公园进行献演的时候，张謇在下面仔细认真地观看，看后的当天晚上，他在日记中郑重地记上：

阳五月廿九日，观欧阳予倩演剧。

到了第二天，张謇又赠诗给欧阳予倩，诗的名字叫《赠欧阳生》，其内容是这样的：

文履轻裾桓叔夏，买舟便肯渡江来。
料应滮水麾军辈，远谢清溪弄笛才。
说梦红楼犹出楔，闻歌白发为停杯。
浏阳名士吾差识，论子于诗当别裁。

在这首诗中，张謇表达了自己对于欧阳予倩来此表演的喜悦之情，并对演出的精彩给予了高度评价，说他唱腔优美动人，令观者倾倒。欧阳予倩的艺术才华是那些浏阳名士无法相比的……

张謇对于欧阳予倩真是十二分的满意和看重。在他给梅兰芳的信中，他写道：

予倩文理事理皆已有得，意度识解，亦不凡俗，可任此事。

张謇总是对欧阳予倩委以重任，先是让他去和薛秉初一些人去北京招收伶工学员，然后又委托他去日本对日本的戏剧和剧场进行考察。待他回国之后，又让他领导伶工学社的校务工作，随后又请他审定更俗剧场的图样。等更俗剧场建成之后，又邀请他一起对剧场的规章制度进行制定，全面对行政管理予以负责，还让他参与《公园日报》的编辑等多项工作。

知遇之恩莫能忘，欧阳予倩便是如此，他用自己超人的才智与勤奋踏实的工作回报张謇，将伶工学社与更俗剧场的工作干得极其出色，为南通的戏剧改良事业做出了重大的贡献。

张謇和欧阳予倩感情最为浓厚的时候也是在更俗剧场内专门设了梅欧阁的前后，在这期间，张謇的日记里出现了不少赞赏欧阳予倩的文字。如1920年1月13日，张謇在日记里是这样写的：

观浣华（即梅兰芳）《葬花》、予倩《送酒》，可谓异曲同工。”

6月20日：

与（方）唯一诣予倩家，见其母妻，母贤而妻才。

另外，张謇还作了多首赞扬欧阳予倩的诗，如1920年元旦，张謇在梅欧阁内宴请当地和在通州的名士时，便作了一首诗：“欧冶传名剑……

张謇对欧阳予倩情义如此的深厚，欧阳予倩当然也很感动，禁不住也作诗应答。在张謇于梅欧阁内宴请名流的时候，欧阳予倩也作了两首诗，《梅欧阁小集赋诗又一首》是这样写的：

小阁灯明香雾丛，惭将名姓碧纱笼。

前身不必为欧九，入世方欣识易翁。

何贱？蒲闲杞柳，好为雏凤种梧桐。

予怀别有绵绵思，阅尽沧桑未许同。

## 公园与气象台

张謇走的是实业救国的道路，然而他不仅如此，他的理想是中国全面的强大，在经济富强的同时，也要增进文明程度，由此，他很重视公园的建设，他曾在文章中说：

公园者，人情之圃实业之华，而教育之圭表也。

（张謇《张謇全集》）

1917 年，张謇于濠河的西南主持和营建了东、西、南、北、中五个公园。公园与公园之间有的是用堤，有的是用桥，互相连接。当然了，既然是公园就会有山、水、花木与亭榭，然而，又各自有不同的特点。比如，有的公园最适合小孩子们玩乐，活泼而有动感，相当的喧闹；有的公园适合人们在那里喝茶闲谈，非常的恬静；有的奇花异草特别的多，方便人们观赏；有的适合打球竞技，地方空阔；有的园内有池有水，很适合游泳划船……

张謇本是读书人，一向是非常喜欢大自然的，他喜欢自然界里的山山水水，草草木木，包括一切有生命的东西。他喜欢松树的“欣欣有生意”，也吟过咏梅诗“无限含春意，朔风吹未开。不知残雪里，已有暗香来”，做梦都在欢游着溪山。在他年轻的时候，他最喜欢在山野里骑马，和朋友们比赛看谁的马跑得快……因此，闲来也总是到此散步，有时早晨来，有时晚上来，有时是陪着朋友们来，有时是独步院内。心情特别好时还会低吟一首小诗或小词，以寄情怀。《南通公园歌》便是那时候写的：

南通胜哉江淮皋，公园秩秩城之壕，自北自东自南自西中央包。北何有？球场枪垛可以豪；东何有？女子小儿可以婚且邀；南可棋饮，西可池泳，舟可漕。楼台亭树中央高，林朋水色上下交。鱼游兮徙徙，鸟鸣兮调调，我父我兄与我子弟于此之逸，于此其犹思而劳，南通胜者超乎超！

张謇还建有气象台，在1905年他建博物苑的时候，博物苑的中馆便定为测候所。1913年私立南通甲种农校成立的时候，在校内又建立了一个小型的测候台，把博物苑内的仪器搬移到这里，然而觉得实在是狭小，难以适应发展的需要，便又开始打算建一座气象台。地址就选在了军山，然而一公布，许多人都不理解，表示反对，他们说："怎么建在军山上？""军山上有什么好？"

还摆出了许多不服气的理由。张謇见状，就耐心地对他们进行说服，他更是摆出了许多令他们信服的道理，对他们说："在军山建气象台最好，风景宜人，对于天气预报也非常有利。军山南临长江，和江南的福山遥遥对峙，形势之好，找不到第二。江内来往的船只，远远看见军山上有气象台，便会对天气预报更关注。必要之时，军山上可以悬挂预报标号。就是通城与东乡的人们，如果远远看见军山上有气象台，也会不自觉地提高对天气预报的重视度。气象台建在军山上，能隙远听远，对于天气预报是非常有好处的。"

他们听后，心里还是疙疙瘩瘩的，于是，张謇又专程请来了上海的徐家汇气象台马副台长对他们进行说服和鼓动。马副台长自气象的角度向他们进行解释，最终统一了大家的思想，消除了思想上疙瘩。张謇认为人心不顺，怎么能干好工作呢？

人心工作摆平之后，便可以正式动工了。于 1914 年 12 月开始开工筑台，上上下下挥汗如雨，辛辛苦苦花费了差不多两年的时间，用了 7600 余元钱，才将气象台建成。建成后，又用 700 多元重修了山路，同时派出了技术人员到外地专门进行学习培训。一年后，回来正式投入工作。

军山气象台当时测报的内容主要是天气、潮汐、虫情、天象和地震等，直接服务于当地人民的生产和生活。

气象台里的工作人员也懂得张謇的苦心，懂得主将身负重担，工作都很努力和认真。他们不计报酬的勤俭节约积极创业，自已动手制造出了许多观测仪器，解决了工作上的不少难题。他们制造的观测仪器有些还被送往展览会进行展出，获得不少奖励。对于资料的积累，他们皆为重视。刚开始的前十年，仅刊印气象季报就有三十六册，年报九册，年报辑要九集。这在实际的工作过程中的确培养和锻炼出了一批气象科技人员，有的还成为了业内很著名的人物，比如初创人刘渭清，他后来成为了中央航行学校气象台的研究人员。

1922 年的夏季，连着好长时间不下雨，特别是南通最厉害。人心惶惶，不知上天要降何灾于人间。和尚与道士们都出来登坛求雨了，官员们也都在衙门里坐不住，如果自己的辖区出了旱灾，出了人命，别说政绩了，连官帽能不能戴还是个问题呢。于是都一齐出来求雨。然而，就是求不来雨，好像是上天要惩罚他们似的，到底他们做了什么惹得上天不高兴了？他们环顾一下四周，心想可能是张謇张四先生没来的缘故？要不为什么无论如何地求，就是不下雨呢？他是当今的状元，如何能不来呢？于是赶紧去请张謇来。

张謇只相信他的科学，相信他的气象台，哪会相信求雨那玩意儿呢？然而，他还是来了，并且还亲自写了一篇“祭文”：

神人者，各有应尽之事，应尽之义务也。人而徒食粟，无益于乡，无益于国，不得谓尽乎人；神而徒享祀，无益于事，无益于民，不得谓乎神……

在场的官员们又羞又气，这哪是什么求雨的祭文呀？分明是在骂他们嘛！

谁知，张謇刚念完祭文没多大一会儿，天空就乌云密布，哗哗啦啦地下起了大雨。官员们很是疑惑，老百姓们却很兴奋：“到底是状元，他一来念了篇祭文，就下起大雨来了！”“这得感谢张状元呀！”

祭天求雨的人们一片欢呼。张謇也高兴，然而，他依然很镇定，笑着说：“看来应当相信我们的气象台，这场大雨，我们的气象台已经做出预报了，只向上天求雨是没有用的！”

……

## 公共体育场和其他公益

张謇于1919年在段家坝附近的浦子港口发起建立了一个大型的公共体育场。他激情地亲自作书，用行书写了门额五个大字：

公共体育场

字体挺秀潇洒。

体育场全场建有一座表门，三座大门。南边建有三间房屋，以供办公、储藏和运动员歇息和换衣服用。东西两边分别有一个方亭子，周围有短墙，让人们参观、休息之用。体育场里边有跑道、沙坑与一些简单的器械。全场配有三名工作人员，有一名场长，两名指导员。

体育场每日对外开放的时间是上午 9 点到下午 6 点，完全是公益性的，不收票，无入场费，不论男女老少，都可以自由进入。

就在这一年的 10 月，张謇组织举办了中等以上的学校运动会，场面壮观，气氛热烈，一切都是空前的，省督军也特别派来了官员助威观光。此次田径项目比较少，主要是团体操的表演，最为优秀的是兵式操，给人们带来了全新的感受，给人们留下深刻的印象。

张謇要求南通，每隔两年举办一次中等以上的学校运动会。而每次运动会，他都会亲自来观看，且给予热情的鼓励。张謇还积极资助优秀的运动员们参加国内外的各种比赛，只要是运动员凯旋归来，张謇一定会专门举行一次盛大的欢迎会。于张謇的鼎力支持下，南通的运动员在各类运动会上获得了很多奖项，涌现出了相当数量的全国冠军与世界冠军。

中国、日本和菲律宾等国家于 1920 年联合举办远东运动会，几个国家轮流主办，每隔两年举办一届。鉴于张謇为社会做出的贡献，以及他在社会上的影响力，被公推为运动会的会长，他也欣然到任，积极工作，为远东诸国体育事业的发展贡献出了不少力量。

张謇很重视体育教育，在教育上极力主张加强体育教育。在他所创立的所有学校里，均严格要求体育和其他学科并重。南通师范学校一向很是重视体育教学，曾经遵从张謇的意见推行过“兵式操”。学生运动成绩总是相当的优秀。南通师范学校曾出现过一个叫徐维贤的学生，他在1922年曾经东渡日本进行体育比赛，取得了男子跳高季军的不凡成绩，在当时的整个中国影响非常的大，很是振奋人心，都说：

“看来咱们中国人也不比他们差！”

“还说咱们是东亚病夫，他们才是呢！”

“咱们中国只要努力，不甘落后，也能超过他们，不再受他们的欺负！”

于此情鼓舞下，过了一段时间，张謇在城南的狼山路西面离白塘不远的地方又开辟了一个体育场，比段家坝的体育场地还要大，占地面积差不多有40亩，是前一个公共体育场的4倍。这个体育场建成后，也有几次大型的运动会曾在这里举行，为南通的体育事业发展起到过很好的影响作用。然而，第二次世界大战爆发，日本侵华，这个曾经辉煌过的体育场也由于敌机的轰炸，毁于战火。

另外，由于长江北岸总是坍塌，张謇为了保护人民的生命和利益，便发动起来组织了一个“保坍会”，对江滩进行治理。对于此，沿江人民很是感激，个个对他交口称赞，给予他很高的评价，都说他是：

> 视天下之饥犹己饥，视天下之溺犹己溺。（马斌、魏银霞《论张謇的为人处世之道》）

张謇为了深层次地改造中国的社会，使中国尽快地走上富强之路，他还倡导和修筑了南通到狼山的公路。他修筑的这一类乡村公路，于整个国家也是前所未有的。

不仅如此，张謇还主持疏浚了环城濠河，且修缮和新造了一些桥梁和水闸，两岸又盛栽垂柳，令原来的脏臭之水变得干净碧绿，风景优美宜人。张謇还在城北那个地方买了160亩地建造了义茔，也即公墓。义茔周围有水环绕，内方外圆，当中有甬道。茔中有树有木，环境很是幽静。还建造有殡室，配有专门的工作人员，入葬的人全部有册籍记录。

总体上来说，张謇做的这些公益事业有一个特点，即：由小到大，由简而繁，由少到多，由陋而善，一步一步地发展。他在文章中表述他的这些想法时说：

> 唯事贵有恒，非一蹴可就。得寸积尺，各本固有之地之事。（南通市港闸实验小学《学校创始人张謇先生生平》）

这也是南通诸项实业和地方事业之所以能够快速发展的方略，更为后世打开了一扇经验之门。

他经办的公益事业涉及很多方面，并且都相互联系。从生（育婴堂）、教（学校）、作（工厂、垦牧）、息（公园、剧场），到行（筑路）、饮水（疏通城河），再到病（医院）、老（养老院）、死（公墓）等真是十分的周全，可见张謇的为国为民之心，并且为后代留下的文化遗产和经济遗产也是十分宝贵的。

由于张謇的爱国、爱人民的思想和在这种思想的影响下做出的许多努力，也使张謇赢得了很好的口碑，令人敬重。在他的影响和带动下，别的地方的绅士们也纷纷效仿于他，以兴办公益事业为荣，从而很大程度地改造了社会风气，激发了人们的爱国热情。

前后20多年间，张謇为了教育、慈善和公益事业，用去了250多万银元，为了这些事业，他个人负债60多万银元。他将南通变成了一个现代的城市。他做到了他曾说的“原可达而守不丧”。他身为企业经理人，对于光想着赚钱的投资人而言，他为他们取得利润，仅是为他们当“牛马”。

即便是张謇到了晚年，每想起自已做的这些事，和引起的影响，也都感觉很是欣慰。他觉得，自已毕竟是努力了，没什么可遗憾的。

## 10

# 胸怀天下——张謇的中国梦

## 张謇的棉铁主义

南洋的劝业研究会于1910年4月在江苏南京成立，张謇也是这个劝业会的发起人之一。在这个劝业会上，张謇致开幕词，第一次提出了棉铁工业化的主张。同年的11月28日，在张謇跟朋友谈话的时候，又屡屡提说自已的那个棉铁主张。他说："实业以振兴棉业之纺织为内维，扩充矿业之煤铁为外境。"

在同一年，张謇于他的《海关进出口货价比较表序》中说道：

> 宣统二年，南洋劝业会开幕，謇于各行省到会诸君子，发起联合研究会，乃裒光绪一朝之海关贸易，参考

其大略，如寐始觉，如割始痛；如行深山，临悬崖，榛莽四出，披而始识无路；如泛雾海，见一岛屿，若隐若见，而始得所趋。则以我国实业，当从至柔至刚之两物质，为应共同注意发挥之事，为预会诸君子告。……至柔惟棉，至刚惟铁。

1913年10月，张謇当熊希龄内阁工商和农林两部的部长，一到任，他便在《宣布就部任时之政策》一文中说：

謇于南洋劝业会时，即发表中国现时实业须用棉铁政策之说，复著奖励棉业之议，上之政府；彼时政府不之省也。今謇无以易此。

这时候，他的棉铁主张已经升格为棉铁政策了。

此后不久，他在《在国务会议上发表实业政见宣言书》里很明确地提出了“棉铁主义”。文章中说道：

謇对于实业上抱持一种主义，谓为棉铁主义。……为捍卫图存计，若推广植棉地、纺织厂是；又惟有开发极大之富源，以驰逐于世界之市场。若开放铁矿、扩制铁厂是。

在这里，张謇想凭借自己不同一般的身份，自己在实业界的威望，并借民国初年上上下下大兴实业之风的机会，把他的棉铁主义推向一种国家实业政策或者是国家工业化发展的战略。为了这个，他的下半辈子一直都在对政府权力部门和社会各界大声疾呼，且身体力行。他总是在说：

“謇与棉铁，固向持积极主义者。”

“余持棉铁为中国近世要务之说，近三十年。”

“鄙人投身实业，持棉铁主义，二十余年于兹矣。”

“謇对于实业上抱持一种主义，谓为棉铁主义。”

“故此一种主义，敢自信为适当。”

“殖产兴业，棉铁最为重要。”

“中国的产业调查主要在棉铁。”

“环顾中国实业之当兴者，孰有大于植棉与纺织者乎！”

这些语句，在他的文章中、谈话中和书信中随处可以找到。可见他对于他的棉铁主义的执着。棉铁主义作为一种工业发展的战略，张謇的具体想法是：

> 集一银公司，以棉铁为主要，以类之棉之稻、麦，类之铁之煤为从要，其他如水利、如电、如铁路、如汽车等为次从要。如是十五年小效，三十年大效可以预言。（张謇《张謇全集》）

张謇的意思是说，开办国家银行，将金融业当成龙头，把从国外和国内大量筹集来的资金当成资本，优先发展棉纺业与钢铁工业，用发展棉纺织业来带动相关的稻米和小麦等粮食产业，形成一个农工商一齐发展的大农业格局，发展钢铁工业带动相关的煤炭、水利、电力、铁路、汽车和机械等产业，逐步成为一个以点带面、次序发展、互相促进和协调有序的大工业格局。整个中国一盘棋，中央政府通盘考虑，地方上则是因地制宜，形成具有自己特色和区域优势的产业布局。从时间上来说，15 年初见成效，30 年会有更大的成就。

张謇之所以提出棉铁主义，主要是出于对民族危机进行挽救而考虑，觉得这是民族产业之需要。其目的便是要跟外国争取利益权，降低贸易的差额。张謇曾把光绪、宣统两朝的《海关贸易册》内的进出口货价比较表作为依据，为中国的对外贸易状况作了仔细认真的分析和研究，惊人地发现因为外国资本主义的经济侵略与中国国内经济过差的原因，中国在对外贸易当中存在着很大的逆差，而进口货物当中，棉和铁的比重最大。那时张謇就说："查前清光、宣两朝海关贸易册，进口货之多，比较价格，棉纺物曾达到两万万以外。其次便是钢铁，别的货物没有能与它们相比的。这是謇在南洋参加劝业会的时候，便发表的中国现时实业须用棉铁政策的说法。"

"看近年海关贸易册，比其进出口的差负，一年计一万万余两，而进口大宗，非棉织物莫属。"

"最多的年份，值银一万八千余万两。依照海关八折的估价，卖价则实有两万三千万两。宣统三年，数目也是一万四千四百万两，折合一万八千万两。国家的损失这么大，怎么会不让人惊惧呢?"

张謇忧国忧民之心，真是苍天可见，令世人动容。

1911 年 6 月，张謇和溥仪的父亲载沣见面后，又特地向他进言，要发展棉铁为中心的实业。他对载沣道："朝廷应实心保护已经开办的农工商实业，向未开办的大力提倡和宣扬，来培植元气。国人只知道赔款是对国家利益的一种巨大损害，却不知道进出口货价相抵，单说棉货这一项，每年的输出，就已经达到了两万一千多万两。铁也有八千多万两，暗地里剥削的比赔的款项更为厉害。如果不尽快想办法，就是不会亡国，也会让我们这个国家穷途末路。这必须要农工商通盘进行考虑，逐年进行。”

在这里，张謇由关乎国计民生的产业入手，率先对铁棉产业进行发展，换回利权，走出了工业化发展的中国路径。

率先发展棉铁业也确实符合中国传统资源的实际。张謇撰文说：

> 凡事不能通于齐民，不能无阻；凡利不能及于妇孺，不能大有功。（张謇《张謇全集》）

## 村落主义

在张謇的心里，他们家乡的自治建设总是非常重要的，就是他在全国政界很活跃的时候，也没有忘记此事。民国之初，在给袁世凯写的信内曾说道：

> 謇自前清即矢志为民，以一地自效。苏人士嗤为村落主义。……而终于以村落主义自享也。

可见，“村落主义”这个词汇刚开始的时候并不是张謇的独创，而是出自别人之口，出自别人对他的揶揄。不过，张謇听了这一词汇，内心也不羞，也不恼，还坦然一笑说：“其实就是村落主义。”

此后他自已也把自已在家乡南通所做的事业，称之为“村落主义”，并且坚定不移地走下去。

张謇“村落主义”思想的内核，实际上源于汉朝末年田子泰所经营的“无终山都邑”。在那个封建末世王朝里，那些优秀的知识分子们无不上下求索，想为中国寻求一种理想的社会。张謇比康有为还要早地寻找到了曾经真正存在过的田子泰的“无终山都邑”。

这是一个社会大同的理想。

张謇总是向自己身边的人表达他对田畴进行效法的真心。田畴是东汉末年的人，字子泰，喜好读书，善于击剑。190 年，董卓作乱，幽州牧刘虞遣人冒险去见已经被董卓所劫持的汉献帝，来表明自己的忠心和慰问。田畴向刘虞请命，主动要求去长安见献帝。刘虞应允。于是田畴便自北方朔漠取间道前去长安。汉献帝见了田畴之后，非常的兴奋，当即就要加封他当骑都尉。然而田畴却坚辞不受，向献帝告辞之后便返回幽州复命。一回到幽州就得到自己的主公刘虞被公孙瓒杀掉的消息。田畴怀念旧主，心里很是悲痛，于是便对刘虞一番哭祭。这一哭祭不要紧，很快就传到了公孙瓒那里，公孙瓒大为恼怒，想我刚杀掉刘虞就有人公然哭祭，这明摆着是和我作对嘛！于是下令即刻捉拿田畴。田畴被捉到公孙瓒那里，公孙瓒想要杀掉他，然而，公孙瓒身边的人却劝说不要杀，说他是个有情有义的人。公孙瓒一听有道理，就又把田畴放了。公孙瓒问他愿不愿到自己这里来做事，田畴只是悲戚，不肯答应，说情愿归里。公孙瓒无法，只好让他回他的家乡去了。此后，田畴带着他的家人，就到无终山躲避战乱去了。有后人记述田畴道：

> 畴率宗人避难于无终山，北拒卢龙，南守要害，清静隐约，耕而后食，人民化从，咸共资奉。（陈寿《三国志》）

张謇很是羡慕田畴当时的做法，还曾经作过一首诗：

雄节不忘田子泰，书生莫笑顾亭林。

井田学校粗从试，天偎无终与华阴。

张謇当初创建通海公司，在公司的大堂上，他题写了一块大匾，上面写了三个大字：

慕畴堂

这个“畴”，就是指田畴。

张謇的村落主义思想在心中孕育得相当早，然而，真正推行却相当晚，是在他对于中央政治失望、自己于家乡所办的实业有了成就以后。

在官场上的每一次不如意，都更让他觉出家乡的亲切和真实存在。被称为“村落主义”的南通自治成了张謇晚年甚至是他一辈子的追求和奋斗的最终落脚点。

依照张謇的说法，村落主义的以一地自效，也就是对自己的家乡进行建设。他曾说他回到家乡就是怀着村落主义的思想，想经营地方自治，像实业、教育、水利、交通、慈善和公益等。他对他们南通的事业发展过程曾作如下概括：

謇自乙未（1895年）以后，经始实业；辛丑（1901年）以后，经始教育；丁未（1907年）以后，乃措意于慈善。（马斌《南通自治的遗产》）

这些自治事业主要是围绕张謇的村落主义进行的。张謇是本着以家乡为入脚点，然后引领全国迈向富强之路的思想。

大生资本集团是张謇最早创办起的企业，也是他发展整个南通事业所依托的力量。大生集团通过初期阶段的积累，于民国初年，尤其是1917年之后进入到了又一个快速发展的大好阶段。大生纱厂的发展特别突出。大生纱厂1912年到1914年的发展势头颇为平稳，利润上起伏颇小。到了1915年，因为受袁世凯登基当皇帝等一些国内政治局势的影响，大生纱厂在利润方面有所下降。到了第二年，由于通海地区大水泛滥，棉花的产量很不好，因此出现了纱市呆滞的状况。大生一厂只赚了6万多元，大生二厂，只赚了2万多。但是，由于第一次世界大战期间中国的棉纺织外部环境颇为宽松，在1917年之后的五年间，大生纱厂却有了出乎意料的迅猛发展。于此时间段内，不管是洋纱还是洋布的进口全有相当幅度的下降。1913年，中国关口直接进口的外国棉纱总共是262万担，棉布总值是18600万两，1918年，棉纱下降到了118万担，棉布下降到了9600万两，分别比1913年降低了58%与40%。这部分空余的市场份额给中国的棉纺业提供了非常宽松的发展空间，创办新厂与旧厂增资扩产形成了轰轰烈烈的热潮。从1917年开始，整个中国的纺织业忽然行情非常的好，每一纱件从156块一下子涨到了230块以上。就这一年，张謇的大生一厂就赚了79.6万两，二厂也赚了40.6万两。此种情况一直延续到1921年。期间，利润最好的记录是1919年。这一年，大生一厂赚了264.44万两，利润率是105.78%，大生二厂赚了134.96万余两，利润是113.2%。在五年的时间内，都是最为旺盛的时期，大生纱厂的平均利润都是90%以上。大生纱厂的一厂和二厂自创办至1921年一共赚了16635.869万两，三分之二是与此时间段内赚取的。在这样的大好情势下，大生纱厂的资本数目也在迅速地增长。大生纱厂的一厂资本股份从130万两增长到200万两，二厂从86万两增长到118万两。1921年，两个厂共计资本是369万两。

到了1923年，大生企业系统总资产是3448万两，是申新、茂新、福新企业系统资本总量的3.5倍。

## 研究水利的学者

远在1887年的时候，张謇还在跟着孙文锦当幕僚，孙文锦在开封当知府，张謇也和他在一起。他们来到开封没多长时间，黄河便于郑州决口了，情况很是紧急。孙文锦也不敢怠慢，急命张謇和他的儿子孙东甫一起坐船，不顾生命安危对灾情进行调查，给予急赈。张謇和他的儿子孙东甫走遍了决口的上游和下游，仔细对水势进行查看。其惨景令人目不忍睹，房屋冲塌，人畜丧命，漂浮于水面的人畜尸体令人触目惊心。从那时候起，张謇便意识到水真是太厉害了，使他暗自下决心要为治理水患而出力，努力掌握一些这方面的知识。

张謇通过仔细认真地考察，认为最好是疏浚黄河，分成若干道，从山东入海。当时北洋大臣李鸿章所聘请的水利专家们经过研究，也是如此认为的。但是，钦差督办河工的大臣李鸿藻却不同意这样的意见，他振振有词说："我只是负责把黄河决堤的部分堵住，堵住这些决堤的部分最多也就花费几百万元。如果要疏浚几条河道，分别入海，需要多少钱，难以预算；以后效果怎样，更是无法得知。"

那些在河防上混迹多年的官员都是老油条了，为了费用，为了官运，和李鸿藻持相同的观点。

于是，张謇和那些水利专家们的意见只好放回到自己的肚子里去。张謇感觉很无奈，有力使不上，只好辞职回自己的家乡。

在回家的路上，看到徐州、淮阳、淮安的黄河水泛滥，任意而流，灾情甚是严重，人们苦不堪言，便在淮安多住了数日，以便较为细致地了解。这期间，他也彻底摸清了淮河的变迁历史。原来，黄河和淮河本来分别出海，黄河出海口在山东的渤海湾，淮河的出海口在江苏海州附近的云梯关。黄河于赵宋时候下游慢慢有向南移动的趋势。在元朝末年，曾发生过黄河夺淮的事件，泗州城全被淹没了，大水弥漫。1856 年，也就是咸丰六年，黄河自铜瓦厢决口，黄河也由此改道向北迁移，退出淮河，重新回至山东出海。原来的淮河，依旧单独出海。由于历史上曾发生过两河汇成一流的现象，所以便有人把淮河说成是旧黄河，又将原来的入海口叫做旧黄河口。虽然黄河的水退出了淮河水道，然而给淮河留下非常严重的后患。第一是在夺淮以后，清水变得非常的浑浊。退出以后，沉积下来很多的泥沙。第二是在合流的时候，水力特别的强，出海相当的容易，待黄河水退出之后，淮河的水速大大降低，难以冲动海口之淤泥，致使海口被堵，出水不畅，总是不定期地造成内涝。又由于在黄河改道以后，治理黄河的官员也随之向北迁移，原驻节清江的漕运总督本就兼管淮河的有关坝闸的开关和修理。1884 年之后，盛宣怀开办的轮船招商局成立，一切粮米皆从河运变成海运，没过多长时间，漕督便被裁撤，如此一来，再没有人过问淮河之事了，使淮河两岸的百姓也随之陷入更深的苦难。

自义和拳起义过后，淮河两岸就连连遭受水患，使临近淮河的百姓每年都要互相搀扶着出外讨饭乞食。尤其是光绪三十二年，美国红十字会命人带着钱来进行救助，这些款项加上我们国内各方面用于救灾的款项共700万。

张謇了解完这些历史变迁之后，思想到今后不能再走头疼医头，脚疼医脚治水的老路了，应当从根本上进行治理。然后，他向两江总督端方提出了自己的救灾建议："大人，除了对灾区进行紧急援助外，我认为还应当召集一些灾民们对淮河进行治理，以主代赈。"

然而这个端方大人，为了牢牢把赈济款抓在自己的手掌心里，以便从中获取私利，托词说："这个办法绝对不可行，要以民命为主，全力赈济！"

张謇手中无权，自己光着急，却毫无办法。淮河之水日益泛滥，水灾更为严重。无奈的张謇只有动用自身，奔走呼吁，碰到人便向人家诉说自己的主张，嘴皮子都磨破了："为淮不治，江北且不治。"

那时候，两广总督岑春煊正养病于上海，与张謇相见，张謇又向他诉说自己的治淮主张。岑春煊见张謇说得动情，由于在面子上，也不得不对张謇敷衍一番，说："我看季直的主张完全可行，主事的官员不用实在是可惜。"

谁知张謇听了岑春煊的话后，一心想治淮救百姓于水火的他便认为今番算是遇到知音了，于是更对岑春煊说得动情和起劲了，想让人家代为上奏朝廷。他一夜未眠代拟奏章，拟毕后，次日赶紧给人家送过去。岑春煊见张謇如此，感觉很是无奈，只好接过去放在了一边，再也没有看上一眼。张謇耐心等待了三日，最终坐不住了，就又进行拜访。岑春煊见张謇催得紧，觉得难以推掉，就对张謇直言道："季直呀，我是不在其位不谋其政，伸过胳膊管人家的事总是不好的。若我现在是两江总督，那还用得着说嘛，肯定会按季直所言去办理，季直的话也很正确，我不仅要马上派人上奏朝廷，还要将怎么筹款、怎么施工、详详细细地说明白。然而，我不是两江总督，这实在不是我该管的事。若我有一天去京觐见皇上，我也许会有机会代为陈奏。”

张謇听罢这一番话，这才真正明白过来，心一下子凉了下来，一时气得浑身直哆嗦，但又不能再说什么，只好告辞。

事情过了许多年，张謇当了江苏省的谘议局局长，他提议把治理淮河列为正式议案，首先由谘议局通过，然后报请两江总督，请两江总督联系安徽巡抚尽快拨款办理此事。

这个时候，张人骏当了两江总督，他是个什么都不懂的家伙，当他接到谘议局呈送上来的议案后，便张开无知的大嘴对人们说道：“水是容易治的吗？只有大禹才会治水，他张謇能和大禹相比吗？”

真是秀才遇见兵，有理说不通。张謇看看不行，就只有依靠自己的能力来办这件事了。他首先和大生企业的股东们沟通好，把自己大生纱厂的盈余拿出来，先在南通师范附设了一个测绘科，之后在上海吴淞中国公学，开办了一个河海工程专门学校，想先培养一些治水方面的人才。

到了民国的时候，张謇出山，为了治理淮河的梦想，担任了中央水利总长一职，同时还任中央农工商部部长。他曾由驻华美国公使介绍，跟美国的红十字会签订了一个借款导淮的协议草案。按此协议，美国红十字会派工程师詹美生来中国进行调查。詹美生来到中国一段时间之后，张謇发现这个人做人不实在，太浮，学养太浅，业务也不精，仅仅大学毕业五年也无什么建树。并且探听到，他来中国的主要目的就是想弄到一些钱而已。所以，张謇决定不再与他合作。

不过，张謇还是对这笔数目不小的借款在积极争取。他想用这些钱从三方面对淮河进行治理，一方面是淮河自身的河床要进行疏浚，还需要拓宽和加深；一方面是原先黄河入海口处的淤泥要进行清除，让淮河依旧自此入海；一方面是于老运河的东边挖一条新的运河，自阜宁陈家港开始挖，把原来的串场河的老河道当成基础，一直挖到南边如皋东乡的入海口处。此河跟运河平行，可以把淮河、泗水、沂水分流，让它们七分入江，三分入海。这个计划若能够成就，那么从此后淮河流域就不容易再出现水灾了。为了这个计划，张謇用心计谋了很长时间，然而那笔借款就是难以拿到手。没过多长时间，又爆发了第一次世界大战，美国驻华公使正式通知张謇：于欧战停止以前，美国红十字会的这项借款实在兑现不了。张謇长叹一声，真是毫无办法。

当轮到徐世昌做大总统的时候，江苏灌河口的运盐河和清江浦到瓜州的运河区域每年都要发生水灾，人民苦不堪言，那些有头有脸的人日子也不好过，于是就找人向大总统陈说这件事情，希望能够解决这一问题。徐世昌听后，马上想到了曾监管水利的张謇，便命人去南通找张謇，看张謇愿不愿意出任苏北运河的督办。此时的张謇已经六十八岁了，可张謇一听说要他去治水，这也是他多年埋藏在心中的愿望，拯救人民是最为重要的事情，就当场答应了下来。答应的同时，他向来人要求了两个条件，他说："如果要我担任这个职务，我有两个要求。"

别说两个要求了，按徐世昌的意思，只要张謇能够出山，无论什么条件都可以答应的，于是来人急忙说："您请说！"

张謇见来人诚恳，便毫不犹豫地说："首先，要任命江苏前省长韩国均来当会办。其次，如果另外开条运河，政府要保证把筹款的担子承担下来。”

来人回去转告徐世昌，徐世昌稍微一沉思，便接受了下来，随即发布命令，命张謇和韩国均前去就职。

张謇带着韩国均前往治水，日夜奔劳，从不知道疲累。次年的6月，大雨一连下了五天，还刮着大风，长江与淮河几乎在同一时间涨水，河堤上的堤工看着水势，知道要出大事，心里慌了，连忙报警，不停地将消息传送上去，张謇和韩国均闻报，也赶紧往大堤上跑，日夜进行勘察。在此之前，已经开凿了车逻坝、新坝和南关等一些水坝，其中这三个坝每秒的水流量是四千多立方尺，下游的七个县都成了一片汪洋。这时候，天上还哗哗地下着大雨，高邮和宝应两个县城里的人都叫嚷着要把昭关坝再次打开将水泄出去。可是昭关坝一旦打开，再想筑坝那是很不容易的事，上游的水势难以控制，弄不好第二年就会造成枯竭的现象。而下游呢，本来已经难以排泄，若再放进水去，形势将会更加严重，灾情也更厉害。所以下游地区有四五千人都日夜在坝上守护，坚决不让开坝，如此两下里就争持不下。张謇一行官员前来视察，苦口婆心地向他们讲明情况，要他们以大局为重，待自己充分调查之后再行决定。张謇和韩国均他们到了高邮，路上百姓心里都不安稳，他们将张謇一行围住，强烈要求开坝，甚至有些粗暴的人还试图用威胁的蠢办法强行让张謇等官员答应他们的要求，几欲动手。然而，张謇却很镇静，毫不慌乱，也不冲动，以此征服了这些人，让他们相信他是能够把问题完全解决好的。张謇一行又到兴化、东台、海安一带视察，除了阜宁稍好一点之外，别的地方全是水，都有六七尺那么深。最后决定将东台泄水要道王家港打开，而昭关坝一定坚持不开。可喜的是，到了9月10日，水势真的如张謇他们所愿，还是降下去了。

大涝之后必是大旱。次年，便又开始了旱灾。高邮、邵伯和淮、扬一些地方还存有固宿水，因此还照旧种主要农作物——水稻，并且长得还非常不错。别的地方不能种水稻便种黄豆、玉米和高粱等一些耐旱的农作物。至秋收季节，人们看着满目的金黄，心里甚是欣慰。这一年的总产量还比往年往上翻了一番。人们喜获丰收，怎么会不感激张謇？

人们都高兴地说："多亏张大人呀，要是去年开了昭关坝，今年哪会有如此收成？不被淹死今年也会被饿死！"

淮、扬两府诸县的眷老会商，准备着集资制作一个"万民伞"给张謇送去。然而，这件事被张謇及时得知了，觉得自己仅仅为人民做了应该做的，就有人为自己送"万民伞"真是好老百姓呀，自己也实在不应当收这个"万民伞"，于是赶紧派人去表示感谢，并制止了他们这种做法。

人们无法表达对张謇的感激之情，只好把这件事埋在了心里。

除了对淮河进行治理，张謇还致力于整个国家的水利建设。在他当国家水利总长的时候，他还提交过一份《疏浚全国水利呈文》予中央政府。在此呈文中，他讲出了许多很有意义和价值的看法，对于东北的水利建设，他提出了"沟通松辽"之方案。此方案主张辽河跟松花江与嫩江相连接，这样，在水利交通方面就更进了一步。

巴拿马运河告成以后，美国准备在旧金山召开"万国水利会议"，此时的张謇年纪虽然很大了，但他仍雄心不减，向政府恳请派他去旧金山参加此次会议。他参加此次会议主要是想从西洋各国那里取得治水经验，然后回来用于自己的国家。在自己的家乡，他在沿海地带大搞垦殖，专门将荷兰的水利工程师请来对水利建设进行指导。张謇在临去世的前几日，还带着病体到长江边上进行视察，精心为江岸保坍进行谋划。

## 张謇和下野后的翁同龢

张謇和翁同龢的师生情谊是深厚的。

戊戌变法前的一天，翁同龢把张謇邀到家中喝茶。师生二人在一起说话都是坦荡直陈，毫无忌讳，张謇也把自己的想法直言相告，两个人相谈甚欢，很是投机，直谈到天色很晚。谈话中，翁同龢禁总是禁不住称赞张謇的才华和睿智："季直高才，不是一般人所能及啊！"

张謇也总是非常谦虚，在老师面前，哪能称大？他说："哪里哪里，老师过于夸奖了。"

他们两人仔细分析了当时的形势，认真谈论将会遇到的种种困难……

然而，令他们两个没有料到的是人心难测，慈禧太后一党始终处于优势，原被圈到维新派中的人也不缺乏势力小人，比如袁世凯便是一个例子。就在翁同龢和张謇喝茶商量事的两天后，也就是4 月27 日，慈禧太后以非常快的速度，假借光绪皇帝的名义下令将翁同龢开缺回老家了。这使光绪皇帝的维新党派始料未及，一时弄得措手不及，晕头转向，但又不得不服从。张謇当时在日记内记述道：

见虞山开缺之旨……所系甚重，忧心京京，朝局至是将大变，外患亦将日亟矣。

这时候的张謇，自然很是忧心，不但为变法维新之事忧心，同时也为他的老师翁同龢担忧。他害怕他的老师会遭杀身灭门之祸。这月的30日，张謇借宁武子“邦有道则智，邦无道则愚”之典故来劝翁同龢赶紧退出政界，离开这个是非之地，远远地去避祸。还写了一首诗送给他的老师，其诗是这样的：

兰陵旧望汉廷尊，保傅艰危海内论。
潜绝弧怀成众谤，去将微罪报殊恩。
青山居士初裁服，白发中书未有园。
烟水江南好相见，七年前约故应温。

诗中所说的“七年前约”，意思是说他们二人一起下江南过隐居的生活，不再过问维新变法之事，随时准备着离开这个险恶的京都。

翁同龢刚刚到常熟隐居十来天，张謇就又开始担心老师离开喧闹的官场会太寂寞而难以适应，于是，就对自己所在的翰林院告假说自己的大生纱厂还有很多的事需要回去处理，便离开了京都。

张謇离开京都后，并没有即刻回他们家乡南通，而是直接到了常熟翁同龢那里。此时的翁同龢住在虞山脚下的一个蓬茅草房内。师生见面内心都很激动，由于和以前京都的巨大差异又生出许多感慨。张謇进入翁同龢的茅草房后，向周围看看，房内甚是简陋，因此禁不住落下泪来。

翁同龢则一边激动，一边又怪张謇那么忙，实在不该这么快就赶来看他。他说："老朽已经是无官的闲散之人，行将就木，你为什么要扔下纱厂专门来这里看我呢？"

说着，翁同龢眼里也溢满了泪，又感觉甚是惭愧。张謇又对他好一番安慰。

两人又谈起大生纱厂的事，翁同龢问张謇现在纱厂情况如何，张謇说："如今纱厂已经步入轨道，情况尚好，无需忧心。"

翁同龢欣慰地笑了，忽然又想起一件事，说："在京之时，季直曾要我为纱厂写一副楹联，然而，那时正为变法之事焦虑，未能题写，现在可做这件事了，于是当即铺纸研墨，写下了：

枢机之发动乎天地，衣被所及编我东南。

翁同龢一向写的是颜体字，很是浑厚有力。张謇看了这副气度不凡的大字，内心很是兴奋，由衷地赞佩老师的书法功力和文字造诣，也为自己日后办好这个纱厂走好实业救国的道路鼓劲加油。

此后的一年，张謇的事业做大做强，道路更加的宽广和顺畅。那一年，他从日本参观完毕回到上海后，便马上对自己的《东游日记》进行整理。然而，心中总是不安，时常想起在常熟隐居的老师翁同龢，不知道老师怎么样了。于是，便决定立即去看望翁同龢。

自从翁同龢隐居以后，心情一直不好，如此一年时间，身体就坏了。此时的翁同龢正是患病期间，好几日都卧床不起。见张謇来探望，心内甚感安慰，病也好了一大半。

张謇将《东游日记》整理出版成书之后，为了全面地向翁同龢汇报自己的救国思想，急忙命人星夜兼程将样书送往常熟老师隐居处，并带过去200银元，以及百合与鱼干等吃食礼物。这让病中的翁同龢欣喜万分，吃食礼物正是他隐居之人所需要的，张謇的书更是心灵的莫大慰藉。他手捧张謇的书信，激动得浑身哆嗦。

数日后，翁同龢看完张謇的《东游日记》，特地用心作了评解，给张謇寄去。张謇接信视之，老师写道：

凡所咨度，步步踏实；所记皆称综其大端切要。

这是老师对他《东游日记》总的评价。老师还向他诚恳地建议道：

可仿者其凿井、收羊二事乎……

师生之情溢于言表。

此事没过多久，翁同龢便因病辞世了。在辞世之前，翁同龢为自己挽道：

朝闻道夕死可矣，而今后吾知晚夫。

下面的话留给张謇来书写。张謇听闻老师翁同龢去世的消息，半天没回过神来，继而大痛，捶胸顿足地哭。哭罢，急忙擦眼泪前去吊唁。到了之后，又遵师命为老师写下生前未完成的挽联：

公其如命何，可以为朱大兴，并弗能比李文正；

世不足论矣，岂真有党锢传，或者期之野获篇。

## 对于外交

张謇是很爱自己的国家，也身体力行地为这个国家做了许多大事。在对外交往方面，他更是大力主张自重，用平等的态度跟各个国家进行交往，坚决反对崇洋媚外的奴才外交。对于国家的权益，他一辈子的主张就是即便被人抢走，也不能双手捧给人家。他说过这样一句话：

“因为人家可以随时拿去，待我们有了力量有了机会的时候，也可以随时拿回来。如果是我们签订了协约，自愿把权益奉送给人家，那就永远也没有翻过身来收回的一天了。”

第一次世界大战期间，张謇获悉中国中央政府将要跟日本签订秘密协约，一连给总统徐世昌和总理段祺瑞发了两封电报，苦口婆心地进行劝阻，他针对所签二十项条款，一一向他们做了细致的分析和批驳，然后说：

> 凡此诸条，明目张胆，兼巧篡豪夺而有之，苟为中国人而良心未丧尽者，见之孰不皆裂……中国人为凉血动物，日本人亦丧心病狂。

张謇向两位国家领导人大声呼吁要保全国家的根本，反对割让东三省，他说：

> 人莫哀于心死，事莫痛于国亡。
>
> 开门而揖盗贼，盗贼何厌焉……

接下来，张謇对北洋政府责怪道：

若公然视国为私物，奉以予人，供人宰割；国之人，强者不必言，即至弱者，亦口有诛而笔有削。

1922年3月6日，日本国的宇治兵舰停泊在天生港。少佐麻田作三、大尉铃木义尾、土本峻一等一些日军随意在南通城郊进行狩猎，进入博物苑内到处乱逛，小鼠子一样这儿瞅瞅，那儿看看。突然闯入不怀好意的异类，这让南通的人民很愤怒：

“他们几个日本兵进入到我们博物苑来干什么？”

“想搞破坏呀？”

“赶紧把他们赶出去，让他们滚回到他们日本国去！”

像张謇这样讨厌日本人的爱国人士更是受不了，于是连忙向日本外务省致信，对他们说：“南通并不是你们所开辟的商埠，你们的军队擅自登陆我们南通，无缘无故地闯进我们内地，是非礼、非法的；刚刚进入春天就进行打猎活动，是非时，也是非法的。”

并毫不客气地斥责他们是：

则暴冒之后，趾高气扬，侵略之策，巧取豪夺。

张謇向他们提出严重的抗议，并严格要求给予擅入者严厉惩处。

为了弘扬民族精神，提高保家卫国的士气，民国初年，张謇在南通为明朝嘉靖年间抗击倭寇的民族英雄曹顶塑了一尊铜像。此铜像骑着战马，手提大刀，甚是威风，很显民族英雄之气概。有一次，有几个日本人闲游至此，看到了曹顶威武雄壮的铜像，见曹顶手提着的大刀寒光凛凛，感觉自己的脖子都有些发凉，心中害怕，不敢近前。回到住处后越想越觉得不安，心想如果中国人都像曹顶一样，那他们日本还有什么奔头？不如就此将那尊铜像砸烂！可是这里不是他们的地盘，何况那塑像的张謇也不是好惹的，想来想去，他们便想出了一条妙计。他们打听到张謇办企业此时正需要用钱，如果他们提出用巨款购买这尊铜像的话，说不定张謇会同意卖给他们的。只要卖给他们，他们不是想把这尊铜像怎么样就能怎么样吗？

此时的张謇正像他们所打听到的那样，急需用钱，然而，他们所不知的是张謇在大事上毫不含糊。只见他微笑着对他们不软不硬地说："每个民族都有他们各自所倡导的精神，每个国家也有他们各自的尊严与骄傲。我们对日本兄弟民族所崇尚和习惯很是尊重，当然也希望日本的朋友以同样的态度来对待我们。"

几个日本人听了，心里很是害怕，好像这张謇是看到他们购买这尊铜像的意图了似的，所以，他们再也不敢多言，急忙灰溜溜地告辞而去。

对于外国先进的东西，张謇始终是抱着积极学习的态度，比如西方国家的工业和科学技术，比如日本的明治维新。

1903 年，他在日本东游期间，不辞劳苦，即使天气不好下大雨，也从不闲着，他走访了 35 个教育机关，30 个农工商机关。在此过程中，连一般市民妇女的琐碎谈话，他也不放过，留心听记。沿路看到路边的小孩游戏，他也认真观察。在那里，他专门接触与访问了一批专家学者，虚心向他们请教，并真诚地聘请人家到自己的学校或其他单位当教师或进行指导。

宣统初年的时候，张謇参加南洋劝业会，在会议期间，他对一些外来的商业团体进行了热情而隆重的接待。会议完毕之后，他又南下北上，来回奔波组织中国商业团体出访国外。一直到了晚年他任职水利总长期间，还想着要“取夷长技”为我所用，出席在美国旧金山举办的万国水利会议。

在闲暇之余，张謇总是教育自己的亲人晚辈以及身边的其他人，在涉外交往当中，一定要把自己的国格放在第一位，其次是自己的人格。他告诫自己的儿子张孝若说：“做事如果无损于人格，即便事情做得很艰难，困难重重，也不至于失败，即便是真的失败了，也不至于堕落；否则，做事不胜，人格也堕落了。”

他的儿子张孝若于民国十二年冬季出访美国，他不放心，就专门为儿子写了一篇《使行训》来告诫儿子，在出访期间要多学、多问、仔细思考、认真分辨，然后谨慎行事。待张孝若到了美国之后，他又屡屡去信对儿子给予指导：

> 儿见各国元首要人，务须诚笃谦谨而以礼自持，固不可亢，亦不可卑……

1922年冬，梅兰芳大师准备到美国演出，征求张謇的意见，于是给张謇写信。张謇收到梅大师的信后，马上做了回复。

在信中，张謇首先给梅兰芳指出，这次去美国要先确立一个主要目标，是为名还是为利。如果是为了名，就应当在心里弄清楚是为自己一人之名，还是为一个国家之名。然后很明确地说道：

> 为一人之名，则助少效薄；为一国之名，则助多效大。

然后，张謇为梅兰芳仔细认真地进行人员上的推敲，看看此行需要多少钱，还要他对西方人要尊重，对自己国家的尊严要维护等等。

从国外聘请来的对中国真正友好的人才，张謇全部都很优待。像南通师范与第一高级小学，曾经先后聘来过日本教师木村忠次郎、吉泽嘉寿之丞、西谷虎二、远藤民次郎和木造高峻等人任职数理、外文、体育和音乐教师。西谷一个月的薪水是一百块钱，远藤一个月是八十块钱，是中国教师最高薪水的两倍。他们若要自上海来南通，张謇一定会派人去接。其他如纺织和水利方面的国外人才，张謇都给予他们最优厚的待遇，生活条件也是特别照顾。

金沧江是朝鲜国的翰林院进士，在文史方面很有造诣。他来中国避难投靠了张謇，张謇并没有乘人之危，同样也是待如上宾，给他创造尽量好的工作条件，让他能够充分地发挥他的才华。他们两个总是在一起喝茶畅谈，交流学术经验，使金沧江一点也不感觉到寂寞，没有身在异国的感觉。因此，他也很是感激张謇，把张謇看成是他一生中最好的知己。他也知恩图报，在中国专心从事著述，直到去世。

## 也曾好心压制爱国学生

当然，人无完人，张謇也不是十全十美之人，他也做出过十分错误的事。因为人的出生、生活环境、经历都是有局限性的，所以，他的思想和行为也就不可避免地受局限。

辛亥革命推翻了清政府的统治，结束了数千年来封建王朝。然而，张謇的那种改良的思想却不能一下子根除，这时候，他的年纪也相当大了，思想老化跟不上时代。那时候的他还是难以将“政府固应改革，但不可将国家基础完全推翻”真正忘记。因此，对于当时的学生罢课斗争很难理解。学生爱国，他是高兴的，然而对于他们的“过激”行为，却是不允许的，他当时发出了《敬告全国学生书》。在此书上，他反复重申他的一贯主张，说着一句话，这句话就是：

爱国当先爱身，爱身当先爱学，爱学当自爱其宝贵之光阴。

1925 年 5 月 30 日，上海的南京路发生血案，南通各界获悉这一消息后，全都非常的愤怒，在中国共产党地下党的领导下，把“旅外学生会”当作基础，组成了“五卅血案后援会”，集中起来大游行。他们刊出《滴血报》，对帝国主义与封建军阀之罪行进行了无情的揭露，又积极组织募捐活动，对上海的工人给予支援。

对于上海发生的血案，张謇获知消息后，也是坐立不安，对施暴者表示强烈的不满和愤怒。他对上海的受难者的援助很是慷慨，拿出的钱是整个南通捐款总数的一半，然而，对于工人和学生的革命行动，他的想法和人家是不同的，因为他向来是不赞成革命的。6 月 8 日，他召集学生开大会，在大会上他对学生们说：“国家就像是一台大机器，不能妄动，如果动了，就很难恢复原状。”

是月的 25 日，张謇又发表一篇《正告南通自立和非自立各学校学生及教职员》的文章。在这篇文章里，他将革命的、光荣的“五卅”运动指斥为眼下动乱之祸源，是不守本分的非礼行为。他还在文章的最后说道：

凡原在各校之学生，如认为不合己意者，无庸到校，教职员亦望本此宗旨，严为训导，稗各成材，真实爱国。如有畏学生如虎，意存敷衍，纵以自卫，不以鄙见为然者，亦请另就，不敢屈从！

这显然是在压服学生。

然而，张謇还觉得不够，7月4日在通州师范的毕业典礼上，他亲手作书，写下：

勤学致孝

以这样的横幅赠予每一个即将走出校门的学生。这是要他们谨守传统，好好学习的意思。他以为学生只有这样，才不会再在外面滋生事端，闹什么游行搞什么革命。

之后，在对毕业生的训话中，张謇再一次对学生进行劝谕，要他们把学习看成是最为重要的事，要好好学习，勤奋读书，积累知识，然后才能挽救这个衰弱的国家。

然而，张謇还是不太放心，他要的是社会稳定，而不是动乱，因此过了两天之后，张謇又把他制下的各校负责人召集到一起开会。在这个会上，他把太虚和尚用佛法对社会主义予以批评的印刷品分发给大家，要求他们对自己所管理的学校应加强训育和管理，一定不能出现什么问题，发现苗头要及时地给予处理。他说这也是对学生们自己负责，完全是对他们好。

这些都可以被看作是张謇故意压制学生革命热情和行动的不良表现，然而，张謇这样的表现，也是本着为国为民之心的，没有丝毫的歹意，他从始至终都是极为爱国的，丝毫无损于他个人的品格，更不会以一眚而掩大德，损害他一生的光辉形象。

张謇开办的南通师范学校，远近驰名，学生到处都是，甚至遍及南洋诸岛，给国家与民族培养出了大批的实用之才。尤其是二十世纪二十年代中期，这个人才汇聚的地方，于上海地下党的关怀下，成为了江海地区培养革命力量的基地，即便是张謇的亲孙女张聡武也加入了革命，走上了用武力改变中国命运的道路，且也为革命贡献出了自己宝贵的生命。

这一切都是和张謇的全心全意地爱国和教育救国的主张是毫不违背的，也是他这一思想打下的基础。

11

# 人至暮年——一个老人最后的时光

## 老而不颓唐

虽然张謇为社会为国家做了许多大事，做了许多贡献，然而应当说，张謇的一生是坎坷而不平的。不管是多么的艰难，他都在忍受着，坚挺着，直到晚年还是奋斗不止。

晚年的张謇依然精神矍铄，身体硬朗，干什么事都是风风火火。因为需要他办的事情真是太多了，他心里装着整个南通，装着整个中国。虽然他做了不少事情，然而，还远不能救中国，这是他心里很清楚的事情。厂里的事情需要他来处理，海堤需要他去查勘，林苑需要他去布置整修，有时候，急需钱，还需要他挥毫泼墨，运笔书法，进行典卖，他一刻也没有闲过，他好像是越战越勇，越老越有劲头……

回望当年，他起初去吕四查勘的时候，吕四还是到处海腥气，尘沙满天的荒滩地，如今再看吕四，简直是翻天覆地的变化。通州城的南边，长江的北边，矗立着马、剑、军、黄、狼五个山头，使广阔的江海平原分外的美丽，张謇因此而看重这个地方，于此建造了东奥山庄、林溪精舍、赵绘沈绣之楼等建筑，使这个地方锦上添花，更是光彩耀眼，让人流连忘返。偶有闲暇，张謇也会和朋友们一起来到这个地方，观景说事，心情格外的好。也使他对未来更具雄心，充满了向往。

然而，好花不常开，好景也难以永久。第一次世界大战打完之后，张謇的生意也就很难做了。那时候帝国主义列强国家的经济势力再次关注中国这块地方，像黑色的旋风一样席卷而来，这使中国的民族资本主义工商业的发展受到了严重的影响。

1921 年，张謇的大生集团对外负债已经达到了 400 万两，如此危机便发生了。之前，张謇还想第二年举办一个地方自治第 25 年报告会，来全面展示一下南通地方自治的成就，万没料到的是，一场特大的暴风雨不期而至，将他这一美好的计划全部打破了。这场特大的暴风雨将他多年用心维护治理和赖以保障南通大部分的水利工程都摧垮了。

在 1922 年北京和上海的报馆举办的成功人士民意测验里，投票选举“最敬仰之人物”，张謇获得的票数是最高的，可以说此时的他走到了人生的最高峰。而就在这一年，中国发生了棉花价格高，而纱却十分便宜的不正常现象。由此，张謇的大生纱厂也一下子非常的不景气，从赚钱转入亏本，并伤及元气。一向大赚其赚的大生一厂严重亏损 39 万多两，二厂亏损 31 万多两，这让整个大生集团都陷入困境。这一年也正式成为了大生由盛变衰的转折年，再也难以出现转机。没有办法的张謇只好寻求外国资金的支持，然而，待至1924年，也没有等到外国资金的到来。

在股东大会上，对于股东们的责难，已经是70余岁的张謇也和他们一样有一肚子的怨言，于大生企业快要运行不动的时候，他也对股东们说道："大生一厂和大生二厂的股本仅为369万两，可纱锭的市值却是900万两以上。20多年来大生只官利这一项就付出了1348万余两，你们所获得的已经大大超过了你们投资的好几倍。纵使大生今日衰落了，我张謇也没有什么地方对不起你们这些股东的。若非为了地方自治、若非为了实业救国，我连中了状元做官都不屑，能低三下四地给人当牛做马？如今我已经是70多岁的人了，给人当牛做马30年了，也该结束了。我本人欠大生企业的债务，可以由股息和退隐费中逐年偿付。"

然而，股东们对此还是心里不快，感觉不满意。张謇对此却是无愧于心的，他曾说："我做事，上不依赖政府，下不依赖社会，全凭自己的良心去做。"其实，张謇就是想依靠政府也依靠不上的，中国当时的政府向来是对企业家的事不管不问的。

张謇为实现实业救国的梦想而办企业，也为这个梦想而受拖累。因为大生企业投资扩张太多，他办学校、开交通、建公园、修水利，开慈善等等，仅是大生一厂在张謇去世以前就为企业与公益事业垫款70多万两，给别的企业的借款也超过了112万两，用交际来往的名义被别的企业占用的也差不多是这个数目，这三项加起来差不多便是大生全部运营资本的一半——45%。

张謇为理想而战，又为理想而败，是没有什么遗憾的。他就是真的倒下了，也是个顶天立地的大英雄！

而在那个充满倾轧互相蚕食的时代，一个企业一旦遇到这样的情况就可能会有被别人吞没的危险。此时的大生企业也是如此，那些中外的资本家们都虎视眈眈，盯上了大生这块肥肉。

1925年的7月，上海的中国银行与有关单位狼狈为奸，怀着坐收渔利的目的组建了一个银行团，专门前来对大生集团的财产进行调查，正式对张謇的大生诸厂进行了接管。

陷入如此困境，一般的企业家是根本无法承受的，一下子就被击倒了，不是跳楼、上吊就是跳水。而张謇却没有，他并非那种一般的企业主，无坚强的意志，无多大胸怀之人，他总是善于“外观大势，内审国情”，他是能把握事情发展规律的智慧之人。所以，他没有丝毫的丧失胆气，依旧为中国的富强思谋着，想着如何才能走出困境，如何才能发展下去。他当时微眯双眼看着远方说道：“要想南通的各项事业都十分完好，还必须要有八千万的投资……收益应在二三十年之后，也许不是我一个人的力量才能达到的，而区区之志则终不自馁。”

一天，张謇在上海偶然间碰上了原江苏的督军程德全，两人以前都热衷于立宪，可谓志趣相投，本就是关系不错的朋友，然而此时相见，彼此一看，都感觉到对方已经是十分的苍老了，不仅感慨良多。而程德全，更是精神萎靡，好像是霜打了的茄子一样。他经历了一世，也在这个社会上争斗了一世，老来很是厌烦于这个反反复复争斗不止的世界，甚至生出退隐之心。只见他叹口气对老朋友说道：“如今的天下哪一件是我的？”

而张謇还是原来的张謇，于精神上丝毫没什么变化，他铿然说：“天下哪一件不是我的？”

两下里形成鲜明的对照。

而程德全呢，也终于彻底对这个世界这个社会灰心了，没过多久，就去寺里出家当了和尚。

## 张謇辞世

1926 年，张謇已经是 74 岁的高龄了，然而，他还是工作不息，思想不止。这一年的夏天是个格外炎热的夏天。日头像是下了火一样，让人难受得要命。家里的人都心疼老爷子，劝张謇去狼山西面的西林梅宅躲避一下这个炎热的天气。张謇拗不过，只好顺着家人来到了西林梅宅。然而，到了那里后，凉快是凉快了些，可是他实在是安不下心来，这比他在工作岗位上受热还要难受得多，因为他有着很多很多的事情要做。这一来，就耽误了许多，干什么都不太方便了。烦躁难耐之下，便每天做一首诗来消遣。

如此过了几日，那天清晨，他起床之后到江边的山岭之上闲步。清晨的空气其实并不怎么清新，张謇总感觉沉闷得慌。慢慢地他的头也开始有些胀疼了起来，手和脚也感觉有些发凉。于是赶紧往回转。然而，回去不到中午，就又浑身发起热来了。于是，家人急忙去请大夫来诊治。

大夫来后说是受热了，患了暑湿，这样的天气年轻人都受不了，别说这么大年纪的人了，于是让他吃了一贴中药，家里的人又劝他说："这里的西瓜很甜，又解暑，你老人家就多吃一些吧!"

于是，他又吃了一些甘甜的红沙瓤西瓜。这时候，天已黄昏，他觉得疲累，就说："现在我想睡觉。"

于是，家人又安排他提前到床上休息去了。

次日一早，他就醒来了。醒来后，他感觉浑身上下松爽了不少，小有不适的是感觉头内空空，好像很惘然的样子，两腿也无力，走起路来飘飘的。他对家人说：“前几天，我和日本工程师定好今天要去江堤视察的，刚好今天可以行动。”然而，家人却说什么也不同意，说：“你今天刚好了些，又去江堤视察，要是有个好歹怎么能行？你已经这样大的年纪了！”

张謇说：“多大的年纪？姜尚八十岁才拜相，我离八十岁还得好几年呢！小病小痛，有什么妨碍的？”他的儿子张孝若说：“姜尚是姜尚，你是你，昨天你还浑身不舒服呢！”

家人一定不让他出行，可他实在放不下心来，他说：“既然与人相约，就绝对不能失信于人家！”说完，拿了草帽，拽拐杖就走，家人无法，也只得由他。儿子张孝若同行，以便照顾他。

这一天，张謇由儿子张孝若伴着和那些日本工程师们一起顶着江风和酷暑到了十几里外的江堤上视察，寻到了好几段比较危险的口子，他也顾不上身体了，全副身心地投入到工作中去，急忙筹集阻浪保险的石料。张謇马不停蹄，没有一刻是闲着的，暑湿又一次发作。张謇感觉心内既乱又慌，再也难以支撑下去了。此时在家的张孝若得到消息之后，赶紧和三伯商量把张謇从江堤上接回了家中。然而，看张謇病情不同往日，又马上前往上海去找寻好的大夫，这次找来的是一位德国的医学专家。这位医学专家做事很是谨慎，又把当地有名的中医邀来一起会诊。

家人心里忐忑不安地等待着中外医生的会诊结果，终于两个医生都心事重重地出来了。会诊的结果是老人一生操劳过度，现在患的是心脏衰弱，建议吃药，多休息、多静养。

张謇经过几天的调养，家人也用心地伺候，病情是有所好转，人也精神了许多，然而病势已经形成，根本不可能会好利索了。

时光又过去半个月，这一天，张謇感觉心里稍定，便想练练书法，也是消遣。于是让家人铺纸拿笔。家人担心他费神不利于静养，便力劝他躺下休息，说等以后病情好转之后再写也不迟。张謇只好作罢，由家人将自己搀扶躺在床上。

让人没有想到的是，到了正午之后，张謇的病情突然又加重了，赶紧请来医生看视，言："四爷已经病危，准备后事吧！"周围的人听到这样的话，泪水都一下子涌了出来。

张謇的病情一时比一时严重，人们的心里都在垂泪，晚上皓月当空，时有风儿吹来，也相当凉快，然而，张謇的病看来是再也好不过来了。

这一天夜里，在张謇的濠南别业内，他的家人都没有睡觉，全部伺候在他的床边，灯也明了一整夜。

这是个不眠之夜。

次日清晨时分，张謇终于吐出最后一口气，与世长辞了。

张謇去世的消息很快传遍了全国，四方的人民都为这位一心想以实业救国的老人垂泪。都说："好人哪好人，怎么说走就走了呢？"

"我们救国的英雄！"

"他一心想着救国！"

……

南通的老百姓们更是悲痛，不少人坐在地上痛哭，如同离世的是自己的家人。

一时间，唁电如雪片一般向张謇家人飞来，祭幛和挽联挂满了灵堂。其中有一副挽联是这样写的，很实在：

退老一隅，元武力，无事权，而负天下重望若此；

功成百世，有文章，有树立，试数近代抗手何人！

就连北洋政府的人得到张謇去世的消息后，心里也很是不好受。张謇毕竟是为中国的实业发展做出过重大贡献的人，并且曾经和他们的袁大总统是非常好的朋友，还在他们那里做过很有影响的高官，由此也沉痛地向全国发布了讣告：

张謇耆年硕德，体国忠诚，位望崇隆，邦人所重。民国肇造，于建设因革诸大端，多所赞助。嗣后……筹划经营，效绩昭著，比年引退，尤复振兴实业，造福邦家。方冀克享遐龄，共谋国是，讵意偶患微疴，遽尔盍世。老成凋谢，怆悼殊深！著给赀治丧，派员致祭。生平事迹，宣付国史立传，并交国务院从优议恤，用示笃念言勋之至意……

11 月 1 日举行张謇的葬礼，是日清晨，不冷却寒，老天早早地就降下了一地的霜来，好像也是为张謇寄予哀思。随着主事人一声“起灵!”，灵柩启动，一片哭声，哀乐顿时响起，送葬的队伍浩浩荡荡从濠南别业出发了。

张謇活着的时候就已经为自己选定好了墓地，也就在南郊。张謇看重的就是此地北枕城垣墙，南向长江水，前方还有军、剑两山，就像守门的大将军立于两厢，环境极为安谧幽静……

送葬的不仅仅是张謇的亲朋好友们、商界同仁们、政府官员们，整个南通城的人都出来了，郊区的人们也都出来了，还有比较边远的能来的也都来了，足有几十万之多。人们都眼圈红红的，跟着灵车向前移动。他们心里都在想着张四爷，细数他为南通做了多少事，怎么就走了呢？虽然生老病死为自然规律，任谁也逃不掉，然而总是难以割舍……

张謇在生前已有遗嘱，家人也尊其所嘱，不用一点金银器物来陪葬，所有的陪葬品也只是一把扇子，一顶礼帽，一副眼镜，还有两个分别装着他的乳牙和胎发的金属盒子而已。他说金银器物是活着的人最需要的物品，绝不能让他带入阴间。不铭不志，只是于墓门衡梁上用篆体字刻了八个大字：

南通张先生之墓阙

很是简单，这符合张謇生前一贯的生活作风，就是死也不会改变。

为了纪念张謇，有日本朋友为张謇专门铸造了一尊铜像，在张謇安葬半年后运抵张謇墓前。此后，张謇就像活人一样，看着身后国家的命运。

## 附：张謇年表

一、清咸丰三年癸丑，也就是1853年5月25日卯时，张謇在江苏海门常乐镇出生。

二、咸丰六年丙辰，也就是1856年，3岁的张謇在这年的冬天，他的父亲教他学习《千字文》。

三、咸丰七年丁巳，也就是1857年，4岁的张謇进入海门邱大璋学塾读书，更名为吴起元。

四、咸丰八年戊午，也就是1858年，5岁的张謇依旧从师于邱大璋。

五、咸丰九年己未，也就是1859年，6岁的张謇依旧从师于邱大璋。

六、咸丰十年庚申，也就是1860年，7岁的张謇依旧从师于邱大璋。

七、咸丰十年庚申，张謇的祖母吴氏因病去世，丧葬期间，遵父命习字记小账。

八、咸丰十一年辛酉，也就是1861年，8岁的张謇依旧从师于邱大璋。

九、同治元年壬戌，也就是1862年，9岁的张謇依旧从师于邱大璋。

十、同治二年癸亥，也就是1863年，10岁的张謇依旧从师于邱大璋。这一年，他以“日悬天上”，对先生所命“月沉水底”。父听见后非常高兴，说可以读书。

十一、同治三年甲子，也就是1864年，11岁的张謇延西亭宋效祁在家授读，謇兄弟三人自任洒扫粪除。6月，奉父命随雇工锄棉田草。

十二、同治四年乙丑，也就是1865年，12岁的张謇读完《论语》、《孟子》、《诗经》、《尚书》、《周易》、《孝经》和《尔雅》，开始习字帖、制艺。宋先生带他到西亭诗社，分题作诗，或限字作诗。

十三、同治五年丙寅，也就是1866年，13岁的张謇读《礼记》、《春秋》、《左传》，制艺成篇。5月，余东灶民抗争，清军派兵镇压，乡民惊惶而逃。宋效祁也跟着出逃，被兵强命回去，没过多长时间因病去世。此后张謇到西亭跟着宋效祁的儿子宋琳先生学习。

十四、同治六年丁卯，也就是1867年，14岁的张謇依旧在西亭读书，学习《仪札》，感觉难以理解，很苦闷。

十五、同治七年戊辰，也就是1868年，15岁的张謇依旧在西亭学习。这一年他冒籍如皋县的张氏，将名字改为张育才。应如皋县、州、院试全部考中，取附学生员。

十六、同治八年己巳，也就是1869年，16岁的张謇依旧在西亭学习，读《纲鉴易知录》和《通鉴纲目》。

十七、同治九年庚午，也就是1870年，17岁的张謇依旧在西亭学习。科试考中一等十六名，乡试没考中。是年冬季，与海门徐氏订婚。

十八、同治十年辛未，1871年，18岁的张謇拜海门训导赵彭渊为师，学习桐城方氏所选四书文、朱子四书大全与宋儒书。是年，应院试考中。因冒籍之事，被如皋县张家勒索，家庭经济情况一天比一天差，有支持不住之状。到了10月，不得已自行检举，请褫衣顶归还原籍。

十九、同治十一年壬申，也就是1872年，19岁的张謇依旧跟着海门的赵彭渊学习，这一段时间读的是《通鉴》。因冒籍事费经周折而烦恼，使他有时在海门，有时去如皋，有时又到通州，一年当中没有一天安稳日子。

二十、同治十二年癸酉，也就是1873年，20岁的张謇依旧跟着海门的赵彭渊学习，学《三国志》、《方望溪集》和《惜抱集》。冒籍之事了结，将他的如皋生员迁回通州原籍，然而此时家庭经济情况更加拮据，无法之下兄弟便分了家。这一年张謇开始写日记。

二十一、同治十三年甲戌，也就是1874年，21岁的张謇应孙云锦之请，去当江宁发审局的书记。至5月，跟着孙云锦勘淮安渔滨河积讼案。8月，见张裕钊问古文法。10月，岁试，取一等四名，经古五名，补增广生。12月，与徐氏结婚。

二十二、光绪元年乙亥，也就是1875年，22岁的张謇6月借江宁惜阴书院肄业，来躲避发审局同事之忌妒。8月份，应恩科乡试没有考中。

二十三、光绪二年丙子，也就是1876年，23岁的张謇依旧借惜阴书院肄业。4月，科试经古制艺正复四场全部第一名，补廪膳生。闰5月，到浦口，依旧当吴长庆幕僚。然而这年乡试却没有考中，靠典当过年。

二十四、光绪三年丁丑，也就是1877年，24岁的张謇依旧在吴长庆幕当幕僚，读《史记》、研《前汉书》。9月，岁试经古制艺正复四场全部第一名。11月，秉呈学官，正式改名为謇，字季直。

二十五、光绪四年戊寅，也就是1878年，25岁的张謇依旧在吴长庆幕当幕僚。12月，因军书促迫，在军营内过年。

二十六、光绪五年己卯，也就是1879年，26岁的张謇依旧在吴长庆幕当幕僚。正月，协助吴长庆督兵开朱家山河。5月，应科试，经古制艺正复四场全部第一名，优行试也是第一名。7月，应总督、巡抚和学政三院会考优行生试，名列第一名。乡试没考中。

二十七、光绪六年庚辰，也就是1880年，27岁的张謇依旧在吴长庆幕当幕僚。4月，跟着吴长庆觐见皇帝。5月，在京师跟袁昶和张华奎等结交。这年的冬季，跟着吴长庆移驻在山东登州和黄县。

二十八、光绪七年辛巳，也就是1881年，28岁的张謇依旧在登州军幕当幕僚。跟着吴长庆去济南，和巡抚商量海防事务。4月，为袁世凯正制艺。军中事简，学《老子》、《庄子》和《管子》。

二十九、光绪八年壬午年，也就是1882年，29岁的张謇依旧在登州军幕当幕僚。6月，吴长庆奉命率兵援朝，张謇给他用心理画前敌军事。7月，跟着吴长庆军赴朝。著《壬午东征事略》、《乘时规复流虬策》和《朝鲜善后六策》。

三十、光绪九年癸未，也就是1883年，30岁的张謇依旧在汉城庆军幕府。8月，三哥张詧来到汉城军营中。11月，和沈燮均办理通海花布减捐。

三十一、光绪十年甲申，也就是1884年，31岁的张謇于正月办理通海滨海渔团。4月，吴长庆调防奉天金州，闰5月因病去世。7月，张謇回到家乡。李鸿章和张之洞二督招请，坚辞不就。

三十二、光绪十一年乙酉，也就是1885年，32岁的张謇3月到江宁帮孙云锦襄校府试卷。4月到北京，从此与盛昱、黄绍箕、沈曾植和梁鼎芬等相交。6月，应国子监考，取为第一，录取时为第四名。应顺天乡试。9月，听录，中第二名。潘祖荫、翁同龢为《乡试录》作前、后序。

三十三、光绪十二年丙戌，也就是1886年，33岁的张謇，会试又没考中。5月赶回家乡，读《管予》和《晏子》。在家乡兴办养蚕业。

三十四、光绪十三年丁亥，也就是1887年，34岁的张謇依旧乡里兴蚕业。5月，跟着孙云锦去开封付任。8月，郑州黄河决口，协助孙云锦查灾。9月，河南巡抚倪文蔚属为主河工计划，草拟《疏塞大纲》。11月，回到自已的家乡南通。

三十五、光绪十四年戊子，也就是1888年，这年张謇35岁。3月，张謇在长赣榆选青书院，兼修县志。恢复海门溥善堂。

三十六、光绪十五年己丑，也就是1889年，这年张謇36岁。正月参加会试没有考中。9月初跟山阴汤寿潜认识并成为朋友。这年著《棉谱》，辑《志例》。

三十七、光绪十六年庚寅，也就是1890年，这年张謇37岁。2月，参加会试没有考中。

三十八、光绪十七年辛卯，也就是1891年，38岁的张謇去东台校县试卷，修《东台县志》。著《周易音训句读》。

三十九、光绪十八年壬辰，也就是1892年，39岁的张謇参加会试没有考中，将一应考具全部毁掉。12月，营柳西草堂。

四十、光绪十九年癸巳，也就是1893年，40岁的张謇入长崇明瀛州书院。

四十一、光绪二十年甲午，也就是1894年，这年张謇41岁。2月参加恩科会试，考中一甲第一名进士，朝廷授予翰林院修撰。9月，弹劾李鸿章不修战备，败和局。他的父亲张彭年去世，他告假丁忧。

四十二、光绪二十一年乙未，也就是1895年，42岁的张謇任总办通海团练。10月，列名开上海强学会。12月，应张之洞之聘，长江宁文正书院。为通海花布商议办认捐。

四十三、光绪二十二年丙申，也就是1896年，这年张謇43岁。2月张謇到江宁，主持文正书院。又应兼安徽巡抚沈秉成之聘，被任命为安庆经古书院的院长。3月跟刘坤一商量办通州纱厂。

四十四、光绪二十三年丁酉，也就是1897年，44岁的张謇主持长文正书院。3月到武昌，跟张之洞商量办纱厂的事。11月定《厂约》。

四十五、光绪二十四年戊戌，也就是1898年，张謇45岁，依旧主持长文正书院。3月，大生纱厂兴工，为刘坤一修改《开垦海门荒滩奏略》。闰3月时，进京销假。4月，帮翁同龢起草大学堂办法。6月，请假回乡。7月，被任命为江苏省的商务局总理。

四十六、光绪二十五年己亥，也就是1899年，46岁的张謇还在长文正书院，被任命为学部咨议。4月，大生纱厂开机出纱。

四十七、光绪二十六年庚子，也就是1900年，47岁的张謇还在长文正书院。5月，筹议东南互保。闰8月时，筹建通海垦牧公司。

四十八、光绪二十七年辛丑，也就是1901年，张謇48岁。2月，张謇作《变法平议》。3月，辞去文正书院职位。7月，帮刘坤一订初高等两级小学和中学课程。11月，通海垦牧公司开工。

四十九、光绪二十八年壬寅，也就是1902年，这年张謇49岁。5月时，订垦牧公司《招佃章程》，筹建通州师范学校。9月时，拟《中国师范学校平议》。

五十、光绪二十九年癸卯，也就是1903年，这年张謇50岁。4月，师范学校开学，张謇东渡日本对大阪博览会进行参观。7月，张謇筹建吕四盐业公司和渔业公司。

五十一、光绪三十年甲辰，也就是1904年，张謇51岁。3月，被任命为商部头等顾问官。4月，给张之洞和魏光焘起草请求立宪奏稿。6月，对《日本宪法》进行刻印。对上海大达轮步公司进行筹建。7月，筹建大生二厂。

五十二、光绪三十一年乙巳，也就是1905年，这年张謇52岁。2月，被任命为上海震旦学院的院董。8月，被任命为江苏教育会的会长。11月，创办南通博物苑。

五十三、光绪三十二年丙午，也就是1906年，53岁的张謇，创办吴淞商船学校。闰4月，被任命为江苏省铁路公司的协理。创办通州法政讲习会。11月，发起成立预备立宪公会。

五十四、光绪三十三年丁未，也就是1907年，这年张謇54岁。4月，张謇参与创设中国公学。7月，大生一厂首次股东大会召开。

五十五、光绪三十四年戊申，也就是1908年，这年张謇55岁。5月，张謇奉旨对江苏谘议局进行筹备。

五十六、宣统元年己酉，也就是1909年，这年张謇56岁。8月，江苏省召开谘议局大会，张謇被推举为议长。张謇发起国会请愿运动。9月，又被推举为中国图书公司的总理。

五十七、宣统二年庚戌，也就是1910年，这年张謇57岁。2月，江宁举办南洋劝业会，计划开办劝业研究会。6月计划开办全国农业联合会。8月，江苏谘议局举行宴会对美国商团大赉等人进行欢迎。10月，于上海跟大赉等讨论中美合营实业。

五十八、宣统三年辛亥，也就是1911，这年张謇58岁。4月，他被推举为沪汉粤津商会的代表，前往北京陈请报聘美国之事。5月，至汉口议租纱布丝麻四厂。过彰德，访袁世凯于洹上村。入京，见摄政王。6月，去东三省考察。主持中央教育会会议。8月，去鄂参加大维纱厂开工典礼。9月，辞农工商大臣、东南宣慰使。10月，任江苏两淮盐政总理。11月，参与创设中华民国联合会、统一党，任南京临时政府实业部总长。12月，辞实业总长。

五十九、民国元年壬子，也就是1912年，张謇这年59岁。3月时，张謇参与创设共和党。6月，创办盲哑学校。8月时，于北京见袁世凯，陈说改革盐法。11月，被任命为导淮督办。

六十、民国二年癸丑，也就是1913年，张謇60岁。正月时，建造军山气象台。至3月份，调解宋案。9月时，到北京当农商部总长。11月，当全国水利局总长。

六十一、民国三年甲寅，也就是1914年，张謇61岁。2月，组织游美报聘实业团，参加旧金山博览会。4月，跟荷兰工程师勘察淮河。8月时，开办河海工科专校。

六十二、民国四年乙卯，也就是1915年，张謇62岁。2月时，辞去农商总长职务。11月时，辞去水利局总长且参政职。

六十三、民国五年丙辰，也就是1916年，张謇63岁。5月时，被推举当了中国银行股东联合会会长。11月，开办盲哑学校、气象台开幕。

六十四、民国六年丁巳，也就是1917年，张謇64岁。4月，图书馆建造成功开幕。7月，公园建造成功，且作歌。

六十五、民国七年戊午，也就是1918年，张謇这年65岁。10月，电陆征祥嘱于和会提出修改税法和撤销领事裁判权。11月，张謇主张国际税法平等会，并成立于上海，张謇被推举为会长。编写《绣谱》。

六十六、民国八年己未，也就是1919年，张謇66岁。正月时，北京组织国际联盟同志会，张謇被推举当了理事。6月，被任命为运河督办。并计划建造更俗剧场和大生三厂。8月，建成了伶工学校。11月，淮海实业银行南通总行开幕。建成了梅欧阁。

六十七、民国九年庚申，也就是1920年，张謇67岁。正月份，定岁时团拜之例。2月，组织苏社。4月，杜威来通演讲。8月，绣织局和女工传习所同一时间落成。9月，县自治会举办首届开会式。12月时，被任命为侨吴淞商埠局督办。

六十八、民国十年辛酉，也就是1921年，张謇68岁。正月，张謇由常乐试行汽车到南通。2月，检旧存文字，订成《九录》。7月，张謇被中日菲远东运动会推举为名誉会长。8月，运河救灾。11月，到上海参加国是会议。

六十九、民国十一年壬戌，也就是1922年，张謇69岁。4月，盐垦股东会议议决设盐垦纺织总管理处以应对危机。5月，主持南通中等学校联合运动会。

七十、民国十二年癸亥，也就是1923年，张謇已经70岁了。2月时，他自订70前之《年谱》。4月，通州师范学校开二十周年纪念会，发表演说。大生纱厂股东会，面临很大困境。

七十一、民国十三年甲子，也就是1924年，张謇71岁。4月时，各公司开董事会，研究危机问题。参加全县高小联合运动会。8月时，江浙发生战争，典衣捐2000对江南灾民予以救济。

七十二、民国十四年乙丑，也就是1925年，张謇已是72岁。是年3月，参加孙中山的追悼会，并发表演说，4月，对垦牧公司进行视察。6月，各校暑期讲习会开会，张謇在会上发表演讲。

七十三、民国十五年丙寅，也就是1926年，张謇73岁。2月，张謇购沙田作为男女师范学校的基础产业。3月，参加女子师范学校二十周年纪念会，发表演讲。5月，对南通保坍工程进行视察。7月27日，是他的大难日，就在这一天，他命归天堂。